Busse/Krause, **Lebenslänglich**

Der Prozeß gegen den Leiter des Judenreferats
bei der Dresdner Gestapo,
SS-Obersturmführer Henry Schmidt,
vor dem Bezirksgericht Dresden vom
15. bis 28. September 1987

Horst Busse/Udo Krause

# Lebenslänglich
## für den Gestapokommissar

Staatsverlag der Deutschen Demokratischen Republik

ISBN 3-329-00590-4

2., durchgesehene Auflage

VLN 610 DDR
Printed in the German Democratic Republic
Satz: Staatsdruckerei der Deutschen Demokratischen Republik
Druck und Weiterverarbeitung: Druckhaus „Freiheit" Halle
Lektor: Brigitte Hoeft
Gestaltung: Martina Gerber
Fotos: Sächsische Landesbibliothek,
Abt. Deutsche Fotothek, Berthold (1), ADN-ZB (6),
Pressematerial über den Schmidt-Prozeß (9), Archiv „Sächsische Zeitung" (1)
LSV 0459
Bestellnummer: 772 597 3
00[redacted]

# Inhalt

# Vorwort

„Kauft nicht bei Juden." Als ich das Bild wieder sah, das auf der Innenseite des Umschlags abgedruckt ist, und diese schreckliche faschistische Parole las, wurde eine Kindheitserinnerung in mir wach, die ich bis ins reife Mannesalter nicht vergessen habe. War es doch meine erste persönliche Konfrontation mit den Nazis.

Am 1. April 1933 – die Nazis hatten diesen Tag zum „Tag des Judenboykotts" erklärt – war ich mit meiner Mutter einkaufen gegangen. Vor dem uns vertrauten Kaufmannsladen standen, wie auf dem Foto im Buch, Männer in braunen Uniformen und Hakenkreuzbinden. Sie versuchten, uns mit ihrer Hetzlosung den Eingang zu versperren.

Schmidt, damals schon ein strammer Nazi, war sicher nicht unter ihnen. Denn er war, wie ich gelesen habe, bereits zur SS übergewechselt und bewachte in dieser Zeit das Chemnitzer Gefängnis, in dem sich Kommunisten und andere Antifaschisten befanden.

„Kauft nicht bei Juden." Heute wissen wir, daß das keine Rüpelei eines einzelnen Chemnitzer SA-Sturmes war, sondern der Beginn eines der grausamsten Verbrechen der Menschheitsgeschichte, das die Nazis als „Endlösung der Judenfrage" bezeichnet hatten. Schlag auf Schlag folgten weitere Terrormaßnahmen gegen den angeblichen Weltverderber, das Judentum, worunter die Goebbelssche Propaganda Marx und den Kommunismus an erster Stelle einordneten.

Auf ihrem Reichsparteitag im Jahre 1935 legte die Naziführung ihre Karten offen auf den Tisch. Die „Nürnberger Gesetze" bestimmten, daß Juden keine „Reichsbürger" sind, kein Stimmrecht haben und öffentliche Ämter nicht bekleiden dürfen. Eheschließungen zwischen Juden und „Staatsangehörigen deutschen und artverwandten Blutes" wurden verboten, Liebesbeziehungen zwischen jüdischen und „arischen" Menschen als Verbrechen kriminalisiert und mit Zuchthaus bedroht. Deutsche Menschen jüdischer Herkunft wurden zum Freiwild für jeden faschistischen Rowdy. Tausende, darunter weltbekannte Erfinder, Mediziner, Wissenschaftler und Künstler, wurden ihres Vermögens beraubt und aus ihrer angestammten Heimat ins Exil getrieben.

Als in der Pogromnacht des 9. November 1938 die Synagogen brannten, faschistischer Mob jüdische Geschäfte und Wohnungen demolierte – die Hitlerclique bezeichnete diesen Vandalismus hämisch als „Reichskristallnacht“ –, ging nach lähmendem Entsetzen ein Aufschrei der Empörung um die Welt.

Wer aber geglaubt hatte, daß es nun nicht mehr schlimmer kommen könne, mußte bald seinen Irrtum erkennen.

Am 31. Juli 1941 beauftragte Hermann Göring, der zweite Mann im Nazistaat, seinen Gestapochef Heydrich, einen Plan zur „Endlösung der Judenfrage“ vorzulegen. Das Ergebnis war die berüchtigte Wannseekonferenz vom 20. Januar 1942, in der über 11 Millionen Juden Europas das Todesurteil gesprochen wurde. Als 3 Jahre später in Europa die Waffen schwiegen und über dem Reichstag in Berlin und auch über den Trümmern des Dresdner Zwingers die roten Siegesbanner wehten, war die Freude über die Befreiung von der Geißel der Menschheit von der Trauer über 50 Millionen Tote überschattet. Unter ihnen 6 Millionen Juden, im Fließbandsystem in Auschwitz, Majdanek, Treblinka, Riga, Warschau und Theresienstadt ermordet.

Vorliegende Dokumentation zeigt einen Ausschnitt des grausigen Ganzen, den Leidensweg und den Tod von tausend dieser Märtyrer. Die Autoren, ein Staatsanwalt und ein Rechtspublizist, schildern den Untergang der jüdischen Gemeinde von Dresden. Sie stützen sich auf die Prozeßakten des im Jahre 1987 vor dem Bezirksgericht Dresden durchgeführten und international stark beachteten Strafverfahrens gegen den ehemaligen Leiter des Judenreferats der Dresdner Gestapo, den Gestapokommissar Henry Schmidt, der berechtigt auch als „Eichmann von Dresden“ bezeichnet wurde.

Dem Leser wird mit der erschütternden Unbestechlichkeit exakter Tatsachenbeweise vor Augen geführt, wie eine Clique von Verbrechern, die sich eines ganzen Staates bemächtigt hatte, den Massenmord an Millionen jüdischer Menschen organisierte und stabsmäßig durchführte.

Ich stimme der Zeugin zu, die im Prozeß ausgesagt hat, daß wir unser Überleben der Sowjetarmee zu verdanken haben und am Tage der Befreiung ein zweites Mal geboren wurden.

Viele Einzelschicksale, wie sie in dem Prozeß in Aussagen Überlebender berichtet wurden, verleihen der Schrift eine außerordentlich emotionale Wirkung. So die patriotische Tat des Horst Weigmann, der sich dem „allmächtigen Gestapokommissar“ entgegenstellte, um seiner Mutter Leben zu retten.

Beantwortet werden die oft gestellten Fragen, wie es dem Judenmörder möglich war, im Jahre 1945 erst einmal seine Spuren zu verwischen, und wie es doch noch gelang, ihn aufzuspüren und seiner gerechten Bestrafung zuzuführen. Wird doch damit erneut der Vorwand widerlegt, daß nach Ablauf einer so langen Zeit eine wirksame Strafverfolgung nicht mehr möglich sei, weil die Beschuldigten zu alt und nicht mehr verhandlungsfähig wären, das Erinnerungsvermögen der Zeugen nicht mehr ausreiche und Dokumente sowie andere Sachbeweise verlorengegangen und nicht mehr beschaffbar seien.

Die Darstellung der schrittweisen Entlarvung des Leiters des Judenreferats der Dresdner Gestapo ist gleichzeitig eine beeindruckende Würdigung meines unlängst verstorbenen Vorgängers, des langjährigen Präsidenten des Verbandes der Jüdischen Gemeinden in der DDR, Helmut Aris. Als Dresdner Bürger jüdischer Herkunft war auch er dem Gestapokommissar Schmidt auf Leben und Tod ausgeliefert. Er gehörte zu den letzten hundert „Sternträgern", denen Schmidt am Morgen des 13. Februar 1945 den Befehl zur Fahrt ins Jenseits zustellen ließ.

Als ehemaliger Verfolgter des Naziregimes habe auch ich Leute vom Schlage eines Schmidt in Aktion erlebt und ihre Unmenschlichkeit am eigenen Leibe zu spüren bekommen. So als mit dem gelben Stern Gebrandmarkter, als elementarster Menschenrechte Beraubter und als Zwangsarbeiter – dabei war der im Buch erwähnte Justin Sonder mein Leidensgefährte – und schließlich als Insasse des Schreckenslagers Theresienstadt, das die Nazis dem Internationalen Roten Kreuz zynisch als „Musterghetto" zu unterschieben versuchten.

Mit dem erschütternden Report wird den unter Mitwirkung des Naziverbrechers Schmidt ermordeten Menschen jüdischer Herkunft ein würdiges und bleibendes Denkmal gesetzt.

Möge es auch bei jungen Menschen, die erst geboren worden sind, als in unserem Staat der Faschismus mit seinen Wurzeln ausgerottet war, die Erkenntnis bestärken, daß man den Faschismus in keiner Spielart zulassen darf. Ist es doch eine bittere Lehre der Geschichte, daß Faschismus Völkermord und Krieg bedeutet.

Siegmund Rotstein
Präsident des Verbandes der Jüdischen
Gemeinden in der DDR

*Gebäude des Bezirksgerichts Dresden.*

*Der Angeklagte Henry Schmidt steht vor seinen Richtern.*

# Dresden, Lothringer Straße

*Der Beginn der Hauptverhandlung.*

Es ist am 15. September 1987 im Saal 250, dem großen Verhandlungssaal des sandsteingrauen, barocken, mit seinen vier Ecktürmen aber auch an einen Florentiner Renaissancepalast erinnernden Justizgebäudes unweit vom Käthe-Kollwitz-Ufer. Zuhörer- und Presseplätze sind dicht besetzt, als die uniformierten Begleitposten einen älteren, aber keineswegs greisenhaft wirkenden Mann hereinführen, peinlich korrekt gekleidet, ohne äußere Zeichen von Erregung oder auch nur von Betretenheit. Sooft er im Verlauf der Verhandlung vom Vorsitzenden des 1. Strafsenats, Bezirksgerichtsdirektor Stranovsky, befragt oder zu einer Stellungnahme aufgefordert wird, erhebt er sich wohlerzogen, ohne daß es einer Aufforderung bedarf. Stets weiß er sich in wohlgesetzten Worten auszudrücken. Wüßte man nicht, weshalb er hier vor seinen Richtern steht, man könnte ihn für einen pensionierten Oberbuchhalter halten. Er ist fast 75 Jahre alt und hat zweifellos diese oder jene Beschwerden, aber das merkt man ihm allenfalls an, wenn der Gerichtsvorsitzende ihn nach vorn ruft, damit er in Beweisdokumente Einsicht nehmen kann. Es scheint, als ob ihn das Geschehen im Gerichtssaal kaum erreicht, kaum berührt. Nicht, daß er sich aufs Leugnen verlegen würde – er ist viel zu intelligent und erfahren, um nicht zu erkennen, wie sinnlos das angesichts der erdrückenden Beweislast wäre. Er läßt es auch an verbalen Reuebekundungen nicht fehlen. Aber selbst bei den ungeheuerlichsten Schuldvorwürfen, die ihn treffen, zeigt er keinerlei Gemütsbewegung. Sein Verteidiger, der Berliner Rechtsanwalt Dr. Franz, versucht das später mit der zurückhaltenden, spröden Wesensart seines Mandanten zu erklären. Hat er ihn damit hinlänglich charakterisiert?

Henry Schmidt ist ein Mann mit zwei Gesichtern.

DER GENERALSTAATSANWALT
DER DEUTSCHEN DEMOKRATISCHEN REPUBLIK

Az: 211-9/87 Berlin, den 27. Juli 1987

**A n k l a g e s c h r i f t (Auszug)**

Ich klage an:

den ehemaligen Angehörigen der Geheimen Staatspolizei und SS-Obersturmführer

S c h m i d t , Henry
geboren am 2. Oktober 1912 in Chemnitz

Verbrechen gegen die Menschlichkeit begangen zu haben.

Der Beschuldigte hat als Leiter des für die faschistische "Endlösung der Judenfrage" verantwortlichen Referates II B (später IV 4) der Staatspolizeileitstelle Dresden von April 1942 bis Februar 1945 an dem verbrecherischen Vorhaben der Ausrottung der in Dresden und Umgebung lebenden 985 Bürger jüdischer Herkunft durch vollendeten und versuchten Mord, Deportationen, Verfolgungen, Mißhandlungen sowie andere unmenschliche Handlungen vorsätzlich und arbeitsteilig mitgewirkt.

1. Von Juni 1942 bis 27. September 1944 organisierte er, in Kenntnis des verbrecherischen Endzieles, 10 Transporte in das Ghetto Theresienstadt (Terezin). Von den 375 deportierten Männern und Frauen fanden 311 den Tod. Das Schicksal weiterer 39 Opfer konnte nicht ermittelt werden.
   Die durch ihn für den 16. Februar 1945 angewiesene und eingeleitete Deportation der restlichen 100 Bürger in das Ghetto Theresienstadt konnte infolge der anglo-amerikanischen Luftangriffe vom 13. Februar 1945 nicht mehr vollendet werden.

2. Am 10. November 1942 vereinbarte der Beschuldigte mit dem Rüstungskonzern Zeiss-Ikon-AG die Errichtung eines Zwangsarbeitslagers in Dresden-Hellerberg, in das unter seiner Leitung am 23. November 1942 mindestens 300 Bürger verschleppt wurden.
   Am 2. März 1943 wirkte er daran mit, die Lagerinsassen zur Vernichtung in das KZ Auschwitz zu deportieren, wo die Mehrzahl ermordet wurde.

3. Von April 1942 bis 13. Februar 1945 wirkte der Beschuldigte daran mit, die letztlich dem organisierten Massenmord dienenden faschistischen Gesetze, Verordnungen und staatspolizeilichen Bestimmungen zur systematischen Entrechtung, Isolierung, Ausplünderung und Vernichtung der jüdischen Bevölkerung durchzusetzen. Mindestens 4 Bürger, die des Verstoßes gegen derartige Bestimmungen bezichtigt wurden, fanden unmittelbar nach ihrer Festnahme und Folterung im Gefängnis der Gestapo den Tod.
   Weitere mindestens 48 Opfer wurden nach grausamen Mißhandlungen, an denen der Beschuldigte teilweise mitwirkte, entsprechend seinem Vorschlag in Konzentrationslager deportiert, wo 34 ermordet wurden.

# Eis in den Augen

*Traditionen der antifaschistischen Justiz in Dresden: Das Verfahren gegen Angehörige der Wachmannschaft des Fremdarbeiterlagers Radeberg; das Verfahren gegen den Euthanasie-Professor Nietsche. Kontrast: Eindrücke vom jahrzehntelang verschleppten Euthanasieprozeß in Frankfurt (Main).*

Bei den Gerichtsakten befindet sich ein Foto des Angeklagten (siehe Umschlagseite). Sein stechender Blick hinter der metallgerahmten Brille, darüber der Totenkopf an der schwarzen Offiziersmütze und am Aufschlag die drei silbernen Sterne des Obersturmführers – man begreift, welchen Schrecken einst eine Ladung zu diesem Mann auslöste; manche Juden sind lieber in die Elbe gegangen, als ihm zu begegnen ...

Der holländische Liedermacher und Friedenssänger Hermann van Veen schrieb das Lied von den braven Familienvätern und gütigen Großvätern, denen niemand etwas Böses zutrauen mag; aber wenn ihre Kinder und Enkel sie nach der Vergangenheit fragen, dann schweigen sie und haben plötzlich Eis in den Augen ...

Staatsanwalt Horst Busse, der in Dresden die Anklage des Generalstaatsanwalts der DDR vertritt, zitiert die Moskauer Proklamation der Mächte der Antihitlerkoalition vom 30. Oktober 1943, die damals ihren unerschütterlichen Willen bekundeten, die Schuldigen an nazistischen Greueltaten bis ans äußerste Ende der Welt zu verfolgen und sie zur Aburteilung an den Schauplatz ihrer Verbrechen zurückzuführen.

Der Prozeß gegen Gestapo-Schmidt hier in der Stadt, in der er einst der Schrecken der jüdischen Bürger war, offenbart, daß das Vermächtnis der Befreier, der Befreiten und derer, die die Befreiung nicht mehr erlebten – daß dieses Vermächtnis hierzulande niemals preisgegeben wurde.

Hier in Dresden wurde schon im September 1945 die Tradition der antifaschistischen deutschen Justiz begründet. In der Tonhalle – heute das Kleine Haus der Dresdner Staatstheater – verhandelte das erste deutsche Volksgericht gegen fünf Gestapoagenten und Nazipolizisten, die im sogenannten Arbeitserziehungslager Radeberg der Sachsenwerk-AG an der Mißhandlung und Ermordung ausländischer Zwangsarbeiter teilgenommen hatten. Die Rechtsgrundlage, die die damalige, vom antifaschistisch-demokratischen Block getragene sächsische Landesverwaltung geschaffen hatte, beruhte bereits auf den völkerrechtlichen Strafbestimmungen, die das Statut des Internationalen Militärtribunals von Nürnberg enthält. Nach denselben Prinzipien wurden auch später faschistische Verbrecher gegen die Menschlichkeit abgeurteilt, wie der Euthanasie-Professor Paul Nietsche und 14 seiner Komplizen, die Tausende von Geisteskranken und anderen „Ballastexistenzen" durch tödliche Injektionen umgebracht oder mit einem Federstrich ins Gas geschickt hatten. Sie standen 1947 vor dem Dresdner Schwurgericht und erhielten ihre strenge, aber gerechte Strafe. Ein Jahr später wurden ehemalige Dresdner Blutjuristen abgeurteilt. Auch sie hatte die neu entstandene Volksmacht in ihren Schlupfwinkeln aufgespürt und an den Schauplatz ihrer Verbrechen zurückgeführt. Insgesamt wurden bis zum Sommer des Jahres 1987 in der DDR 12 878 nazistische Kriegsverbrecher und Verbrecher gegen die Menschlichkeit je nach dem Maß ihrer persönlichen Schuld zur Verantwortung gezogen.

Dieses verdiente Schicksal ereilt jetzt auch den Mann mit dem Eis in den Augen, den Gestapokommissar Henry Schmidt. Wie schon der Ankläger in jenem ersten Antinaziprozeß vor fast genau 42 Jahren, leitet auch heute der Generalstaatsanwalt der DDR die Anklage nicht aus den Vorschriften des nationalen Strafrechts her, sondern aus den Bestimmungen des IMT-Statuts, Artikel 6 Buchstabe c (abgedruckt im Abschnitt „Das Urteil"), die als allgemein anerkannte Regeln des Völkerrechts in der Deutschen Demokratischen Republik gemäß Artikel 8 und 91 der Verfassung unmittelbar geltendes Recht sind, ebenso wie die UNO-Konvention vom 26. November 1968 über die Nichtanwendbarkeit von Verjährungsbestimmungen auf Nazi- und Kriegsverbrechen.

Was die juristische Seite angeht, ist vielleicht gerade das der entscheidende Unterschied zu der zögerlichen, mehr auf endlose Verschleppung der Verfahren und „natürliche Lösungen" als auf Gerechtigkeit und wirkliche Vergangenheitsbewältigung bedachten Justizpraxis im anderen deutschen Staat. Der Mitverfasser dieses Berichtes, Udo Krause, erlebte 1985 im chrom- und glasblitzenden Justizpalast von Frankfurt (Main) einen Verhandlungstag in der zweiten Hauptverhandlung gegen eine Gruppe von Euthanasie-„Ärzten", die sich nach Aufhebung des ersten skandalösen Freispruches durch den Bundesgerichtshof jahrzehntelang hinter angeblicher Verhandlungsunfähigkeit versteckt hatten, während der sie unangefochten praktizierten, ja trotz ihrer „Herzschwäche" operiert und dafür von wohlbetuchten Privatpatienten Hunderttausende von Mark liquidiert hatten. Überflüssig zu bemerken, daß sie in all dieser Zeit auf freiem Fuß waren.

*Gebäude der ehemaligen Tonhalle, in dem der erste Prozeß gegen Naziverbrecher vor einem deutschen Gericht stattfand.*

In den Verhandlungspausen mußte man gewärtig sein, ihnen unversehens zu begegnen. Tröstlich allein, daß dies jungen Zuhörerinnen, Schwesternschülerinnen aus den hessischen Heil- und Pflegeanstalten Hadamar und anderen früheren Euthanasiemordstätten nicht weniger widerwärtig war als uns wenigen Beobachtern aus der DDR. Auf die Jahrzehnte zurückliegenden Dresdner Prozesse angesprochen, zeigten die jungen hessischen Frauen eine erstaunliche historische Klarsicht. „Die da drüben haben mit solchen Leuten eben ganz anders aufgeräumt, als das bei uns geschieht, wo nicht nur die Verteidiger, sondern auch manche Staatsanwälte und Richter immer nur Ausreden suchen. Das liegt wohl an der ganz anderen Gesellschaftsordnung da drüben, über die man sonst ja denken kann, wie man mag."

Daß die zweite Hauptverhandlung in Frankfurt nach so langer Zeit überhaupt in Gang gekommen war, ist schon ungewöhnlich genug, ebenso wie die gleichzeitig ablaufende Verhandlung gegen den Buchenwald-Spieß Otto, der in Krefeld der Teilnahme an der Ermordung Ernst Thälmanns überführt und dafür zu vier Jahren verurteilt wurde – ein Urteil, das der Bundesgerichtshof in Karlsruhe wenig später „aus Mangel an Beweisen" wieder aufhob.

Dieses Argument, daß es an Beweisen mangele, hört man immer wieder als Grund dafür, daß in der BRD kaum noch faschistische Verbrecher gegen die Menschlichkeit vor Gericht gestellt, geschweige denn rechtskräftig verurteilt werden, obwohl es gerade dort dringend nötig wäre, denn wann sind dort denn schon welche angeklagt und ernsthaft zur Rechenschaft gezogen worden, obwohl zweifellos die meisten von ihnen 1945 in den damaligen Westzonen Zuflucht gesucht haben?

Jetzt, nach über 40 Jahren, sind sie angeblich zu alt und krank, die Zeugen seien verstorben oder könnten sich an nichts mehr erinnern, Dokumente seien leider, leider verlorengegangen. Nun aber wird in Dresden, wo schon vor über 40 Jahren die ersten Prozesse gegen KZ-Wachmannschaften, Blutrichter und Euthanasie-„Ärzte" stattgefunden haben, ein ehemaliger Gestapokommissar, der in dieser Stadt sein Unwesen getrieben und Hunderte von Dresdner Juden auf dem Gewissen hat, ehe er sich vier Jahrzehnte lang hinter seinem unauffälligen Namen und einem erfundenen Lebenslauf versteckte, seinen Richtern vorgeführt.

Und es zeigt sich: Der Mann ist zwar 75, aber er folgt der tagelangen Beweisaufnahme ohne Schwächezeichen, konzentriert und hellwach, als wolle er noch hier zeigen, daß er einst jener Pimpfengeneration angehörte, die nach dem Motto aufgezogen wurde: „Hart wie Kruppstahl, zäh wie Leder." Und die Zeugen, soweit sie nach langen, bitteren Leidensjahren dem heutigen Angeklagten entronnen sind, haben

*Der 1. Strafsenat des Bezirksgerichts Dresden; links stehend Staatsanwalt Horst Busse.*

ein gutes, intaktes Gedächtnis. Wie sollten sie ihre Begegnungen mit dem trockenen Beamtentyp, der noch immer bei jeder unangenehmen Frage Eis in den Augen zu zeigen scheint, um den treffenden Text des holländischen Liedermachers Hermann van Veen nochmals aufzugreifen, sich dabei dem Gericht gegenüber geradezu peinlich korrekt und beflissen zeigt – wie sollten die Zeugen ihre Begegnungen mit Kommissar Schmidt auch je vergessen, sind sie dabei doch stets dem Tod nahe gewesen. Und auch Akten sind noch vorhanden, lange Listen mit den Namen derer, die auf sein Geheiß hin und mit seiner Hilfe eingekerkert, deportiert, vernichtet worden sind wie Ungeziefer. Man muß nur lange, beharrlich und gründlich genug danach suchen, wie das in solchen Fällen seit je zu den Arbeitsprinzipien unserer Untersuchungsorgane gehört, ebenso wie die enge Zusammenarbeit mit den Fahndungsbehörden der anderen sozialistischen Länder. Auch der Justiz der BRD und anderer westlicher Staaten ist sie schon wiederholt zugute gekommen, so in dem bereits erwähnten Ärzteprozeß in Frankfurt (Main), ebenso wie schon vor mehr als 20 Jahren in dem Verfahren gegen den Euthanasietäter Hefelmann, das ergebnislos en-

*Blick in den Gerichtssaal: Professor Dr. Kakol, Direktor der Hauptkommission zur Verfolgung der Hitlerverbrechen in Polen (links); Dr. Kamis, Sekretär der Tschechoslowakischen Regierungskommission zur Verfolgung von Kriegs- und Naziverbrechen (rechts).*

dete, obwohl Vertreter des Generalstaatsanwalts der DDR unmittelbar im Gerichtssaal überzeugendes Beweismaterial übergaben. Im Dresdner Prozeß gegen den ehemaligen Chef des Judenreferats der Gestapoleitstelle am Hauptbahnhof gab es jedenfalls keine Beweisnot.

Der BRD-Rundfunkjournalist H. Lichtenstein, der wiederholt über Kriegsverbrecherprozesse berichtet hat, so über die Verhandlung des Stadtgerichtes der Hauptstadt der DDR gegen Heinz Barth (siehe Przybylski/Busse: Mörder von Oradour, Berlin 1984) und über die Verhandlung des Landgerichtes Krefeld wegen des Mordes an Ernst Thälmann, berichtete:

„In der DDR läuft alles anders als bei uns, was die NS-Prozesse betrifft. Man war von Anfang an viel konsequenter. Man hat systematisch nach ihnen gefahndet, es gibt Hinweise aus der Bevölkerung, so kommen sie selbst nach so langer Zeit wieder nach oben, und dann werden sie eben auch angeklagt. Das ist ein Grund dafür, daß die NS-Prozesse auch in der DDR noch weitergehen. Und vor allem, das ist ein ganz wichtiger Punkt, denke ich, hier gibt es viel weniger NS-Verbrecher, und das hängt damit zusammen, daß die Hauptschuldigen Ende des Krieges in den Westen geflohen sind, in der Hoffnung, dort weniger hart belangt zu werden. Der große Anfall von Prozessen ist für die DDR inzwischen Geschichte, weil man unmittelbar nach 1945 damit begonnen hat. Ein Mann wie der SS-Obersturmführer Schmidt hätte sich vor einem bundesdeutschen Gericht kaum noch verantworten müssen. Dort kamen allzuviele dieser Täter billig oder ganz ohne Strafe davon."

Der Journalist bezieht sich auf eine Erklärung von Dieter Plath, Staatsanwalt beim Generalstaatsanwalt der DDR, über die Grundsätze der Strafverfolgung und auf die Äußerung von Rechtsanwalt Dr. Franz über die unterschiedlichen Positionen der Verteidigung in der DDR und in der BRD. Lichtenstein stellt fest, daß das Vermächtnis des Antifaschismus in der DDR besonders schwer wiege und, wie auch der Prozeß von Dresden zeige, die Verjährung von Naziverbrechen ausschließe. Dieser solle zweifellos demonstrieren, daß die DDR sich verpflichtet fühlt, Kriegsverbrecher weiterhin zu verfolgen. (Mitschnitt der Sendung vom 15. 9. 1987, 12.30 Uhr, Archiv Radio DDR.)

# Werdegang
# eines Verbrechers gegen die Menschlichkeit

*Die persönliche, politische und „berufliche" Entwicklung des Angeklagten vom jungen „alten Kämpfer" zum „gehobenen Vollzugsbeamten".*

Dem Sohn der Industriestadt, die damals Chemnitz hieß und auch „Rußchemnitz" genannt wurde, war seine Laufbahn als Glied des faschistischen Mord- und Terrorsystems sowenig vorherbestimmt wie irgend jemandem sonst. Eher im Gegenteil. Henry Schmidt wuchs in einem Arbeiterhaushalt auf. Sein Vater war Sattler, seine Mutter Strumpfnäherin. Wie die Chemnitzer Fabrikherren und die Schulbehörden es für Kinder seines Standes vorsahen, besuchte er vier Jahre lang die Volksschule; er zeigte Anstelligkeit und Regsamkeit, auf die er noch heute stolz ist. Hätte er sie nur für bessere Zwecke verwendet! Als auch in Chemnitz die deutsche Novemberrevolution ihren Halbsieg errang, war er 6 Jahre alt. Die wenigen von den Arbeitern bitter erkämpften sozialen Errungenschaften der Weimarer Republik öffneten ihm den Weg zur Realschule und damit zur mittleren Reife. Er entwickelte nun den brennenden Ehrgeiz, es zu etwas Besserem zu bringen als seine Eltern. Am liebsten wollte er Beamter werden, um so auch vor dem Massenschicksal der Arbeitslosigkeit sicher zu sein, das er inzwischen am eigenen Leibe erfahren hatte.

Nachdem er den Maurerberuf erlernt und im Büro seines Lehrherren Kenntnisse als Baukaufmann erworben hatte, sogar schon davon träumte, Architekt zu werden, flog er nach bestandener Gesellenprüfung gnadenlos auf die Straße – im damaligen Deutschland ebenso das Los Zehntausender junger Leute wie heute in der BRD. Schmidt reagierte auf diese Enttäuschung, auf das Scheitern seiner beruflichen Pläne wie viele deklassierte Kleinbürger. Bereitwillig glaubte er den überall in Deutschland aufmarschierenden Nazis, nicht die Ausbeuter, nicht die Profitmacher seien an dem Massenelend schuld, sondern Juden und die mit diesen ohne alle Umstände identifizierten Marxisten, vor allem die Kommunisten. Bereits im Jahre 1929 trat er der HJ bei. Er gehörte zu den ersten 30 „Hitlerjungen" in Chemnitz und nahm zuerst in Spielmannszügen an provokatorischen Aufmärschen in den traditionellen Arbeitervierteln der Industriestadt teil. Die Trommelstöcke genügten ihm aber nicht lange, um seinem rasch zunehmenden Antisemitismus und Antikommunismus Luft zu machen. Ihn verlangte es nach größeren Knüppeln. Ende Januar 1930, als der Straßenterror der paramilitärischen Naziorganisationen seinem ersten blutigen Höhepunkt zustrebte, wurde er SA-Mann. Schon kurze Zeit später, am Vorabend seines 18. Geburtstages, dem 1. Oktober 1930, trat er der Nazipartei bei. Seine Mitgliedsnummer 321 297 sagt er während seiner Vernehmung zur Person zur Verblüffung der Zuhörer wie aus der Pistole geschossen auswendig her.

Vorsitzender: „Diese Nummer aus dem Gedächtnis anzugeben soll Ihnen auch bei den ersten Vernehmungen schon keinerlei Schwierigkeiten bereitet haben, habe ich gelesen.“

Angeklagter (mit hörbarem Stolz): „Jawohl, das stimmt.“

Auch an seine auffällig niedrige Mitgliedsnummer in der SS 9926 erinnert er sich mit gleicher Präzision. Er gehörte zu den ersten zehntausend Angehörigen dieser „Elitegarde“ der Nazis, die später zum Schrecken Europas werden sollte.

Inzwischen hatten die deutsche Hochfinanz, die politische Reaktion und die Rüstungswirtschaft Hitler und seinen Gefolgsleuten die Macht im Staate zugeschoben. Die braune Diktatur hatte begonnen – eine schreckliche Zeit, in der gehorsame und bedenkenlose Gefolgsleute wie Schmidt ihre Gelegenheit suchten und fanden, sich im Sinne der Machthaber zu bewähren.

Er wurde zum „Hilfspolizisten“ ernannt und zur Bewachung des Gefängnisses eingesetzt. Damit hielt er die Stunde für gekommen, zu der seine fanatische Nazigesinnung ihm eine steile und sichere berufliche Karriere sichern würde. Gern nahm er – nunmehr bereits als SS-Scharführer – eine Kommandierung zum damaligen Geheimen Staatspolizeiamt Sachsen in Dresden an, zunächst noch bescheiden zum Wachdienst, wo er unter anderem Besucherscheine auszufüllen hatte. Wie er sich selbstbewußt erinnert, fand er aber auch bei diesem untergeordneten Dienst Gelegenheit, sein Geschick und seinen Pflichteifer hervorzuheben. Seinen Vorgesetzten blieben diese Eigenschaften des strebsamen jungen Mannes nicht verborgen.

Ein Wort zu seinen Vorgesetzten. Leiter des Staatspolizeiamtes war Standartenführer Friedrich Schlegel. Unter ihm hatte Schmidt bereits im Jahre 1930 im Chemnitzer SA-Sturm 104 gedient und die ersten „Schlachten“ gegen Antifaschisten geschlagen. Schlegel hatte ihn auch für die Mörderbande der Gestapo geworben.

Auch Wilhelm Kriechbaum, ein anderer hoher Offizier der Dresdner Dienststelle, hatte, woran sich Schmidt noch nach über 50 Jahren vor dem Bezirksgericht mit warmer Stimme erinnert, „viel menschli-

ches Verständnis“ für seinen Wunsch, Beamter zu werden. Wer war dieser Mann mit dem „menschlichen Verständnis“? Er avancierte zum SS-Obergruppenführer und wurde Chef der Geheimen Feldpolizei, die durch unzählige Kriegsverbrechen und Verbrechen gegen die Menschlichkeit berüchtigten Ruhm erlangte.
(Vgl. Klaus Geßner, Geheime Feldpolizei, Berlin 1986.)

Bei solchen Schirmherren war Schmidts weitere Karriere gesichert. 1936 wurde er Untersturm-, 1943 dann Obersturmführer der SS. Die enge Verbindung zwischen SS und Polizei (Himmler war später in Personalunion Reichsführer SS und Chef der deutschen Polizei) eröffnete Henry Schmidt damit zugleich die Möglichkeit, von der Gestapo zunächst in ein Angestellten-, später dann in das von ihm ersehnte Beamtenverhältnis übernommen zu werden. Er besuchte einen Kriminalassistenten-Anwärterlehrgang und später einen Kriminalkommissarslehrgang an der Führerschule der Sicherheitspolizei, der sowohl die Gestapo als auch die Kriminalpolizei angehörten. Die Ausbildung schloß bezeichnenderweise Besuche der Konzentrationslager Sachsenhausen und Ravensbrück ein, die mit einem „Ausflug“ der Lehrgangsteilnehmer verbunden wurden.

Nach dem Ablauf der Besichtigung und seinen persönlichen Eindrücken befragt, erklärte der Angeklagte ohne die mindeste Spur von Beteiligtsein oder gar Gemütsbewegung: „Wir hatten Gelegenheit, an einem Barackenappell teilzunehmen, bei dem alle Häftlinge heraustreten mußten. Dann haben wir die Unterkünfte besichtigt.“ – „Und?“ fragt ihn der Vorsitzende. „Die Unterbringung erschien mir sehr mangelhaft.“ Das ist alles. Kein Wort mehr über die mörderischen Verhältnisse in Sachsenhausen, wo schon drei Jahre früher – der Lehrgang fand 1941 statt – der jüdische Publizist und Friedensnobelpreisträger Carl von Ossietzky todkrank gequält worden war, und im Frauen-KZ Ravensbrück, wo die von den brasilianischen Faschisten an die Gestapo ausgelieferte Frau des Generalsekretärs der Brasilianischen Kommunistischen Partei, Olga Benario-Prestes, eingekerkert war, ehe sie – ein Jahr nach dem Besuch der künftigen Kriminalkommissare der Gestapo – von Euthanasie-„Ärzten“ kurzerhand für „geisteskrank“ erklärt und in der „Heil- und Pflegeanstalt“ Bernburg vergast wurde. „Es gehörte sicherlich Mut dazu, unter solchen Verhältnissen überleben zu wollen“, läßt Schmidt sich einmal ein. Skrupel läßt er auch dabei nicht erkennen. Er war ja durch HJ, SA und SS hinreichend auf seine Rolle vorbereitet und hatte bei diesem „Ausflug“ – sollte die Unterweisung noch nötig gewesen sein – nochmal erlebt und erfahren: So also behandelt man „Untermenschen“.

Keine Frage, daß der seinem Führer ergebene, gelehrige Kommissarsanwärter Schmidt alle Prüfungen bestand. Um zu erproben, ob er auch in der Praxis den Erwartungen seiner Chefs im Reichssicherheitshauptamt, der Kommandozentrale der Gestapo, voll entsprach, wurde er vorübergehend in mehreren Dienststellen der Gestapo eingesetzt, darunter in dem inzwischen von den Nazis okkupierten Österreich sowie auf polnischem Territorium. Nachdem er auch dabei seine Befähigung zum „gehobenen Polizeivollzugsdienst“ bewiesen hatte, wurde er im Frühjahr 1942 auf eigenen Wunsch wieder nach Dresden versetzt, wo er zum Kommissar und damit zum Beamten auf Lebenszeit ernannt wurde. Sein berufliches Ziel hatte er nun erreicht, und er war entschlossen, seinen Vorgesetzten, seinen Mitarbeitern, vor allem aber den ihm ausgelieferten Opfern der Gestapowillkür zu zeigen, daß er alle Lektionen seiner jahrelangen Ausbildung zum perfekten, erbarmungslosen Menschenjäger gut verstanden hatte und nicht zögern würde, seine mit Fleiß erworbenen Kenntnisse rücksichtslos anzuwenden – und zwar nicht nur weil er es für seine Beamtenpflicht hielt, Anweisungen zu befolgen, mochten sie auch noch so verbrecherisch sein, sondern auch weil diese Anweisungen seiner faschistischen Einstellung genau entsprachen, weil sie ihm ermöglichten, seinen Haß gegenüber allen Andersdenkenden und Andersrassigen in Taten umzusetzen. Er hätte im Grunde gar keiner detaillierten Anweisungen und Befehle bedurft – er wußte, was er zu tun hatte.

In der Gestapoleitstelle Dresden, die auch für eine Reihe weiterer Kreise und Städte zuständig war, wurde dem Angeklagten die Leitung einer speziellen Gruppe übertragen, die in dem trocken und bürokratisch wirkenden Organisationsschema der Dienststelle die nichtssagende Bezeichnung „Referat IV 4“ trug. Man erinnert sich sicherlich an einen nicht weniger administrativ und belanglos erscheinenden Aktencode, der während des Jerusalemer Prozesses gegen Adolf Eichmann in der ganzen Welt berüchtigt wurde und überall Abscheu und Entsetzen auslöste: Referat IV A 4, das war Eichmanns Dienststelle im Reichssicherheitshauptamt, beauftragt, die nach der sogenannten Wannseekonferenz im Januar 1942 begonnene „Endlösung der Judenfrage“, also die millionenfache Ausrottung der europäischen Juden – denen nach Errichtung der angestrebten nazistischen Weltherrschaft die amerikanischen und die irgendwie von jüdischen Vorfahren abstammenden Bewohner der anderen Erdteile ins Giftgas folgen sollten –, zu organisieren.

Zu der technischen Perfektion, mit der Eichmann, seine Hintermänner und Komplizen diesem wahrhaft teuflischen Ziel zustrebten, gehört ohne Zweifel die penible, preußische Amtstraditionen nachahmende Akkuratesse, mit der sie ihren Mordapparat aufbauten, mit Akten- und Geschäftsverteilungsplänen, säuberlich konstruierten Strukturen und Amtsbezeichnungen, die Befehlslinien, Überordnungs- und Unterstellungsverhältnisse möglichst klar erkennen lassen sollten, damit jedes Stück Dienstpost, jeder Tötungsbefehl schnell an die richtige Adresse gelangte. Das galt auch für die Gestapoleitstelle Dresden. Ihr Referat IV 4 war ein Ableger des Endlösungsamtes IV B 4. Schmidt war Eichmanns Mann in Dresden.

# Einstand in Dresden

*Das Schicksal der Familie Weiß.*

Als Schmidt im April 1942, 3 Monate nach der Wannseekonferenz, sein neues Amt in der Elbmetropole antrat, in deren Jahrhunderte zurückreichender Kultur- und Geistesgeschichte die einst zahlreiche jüdische Einwohnerschaft, viele Gelehrte und Künstler jüdischer Herkunft stets eine große Rolle gespielt hatten, lebten dort noch 985 jüdische Menschen. Zu ihnen gehörten der weltbekannte Arzt Professor Conradi und der Romanist Professor Victor Klemperer, der später in seinem Buch „LTI. Notizbuch eines Philologen“ nicht nur eine scharfsinnige philologische Analyse des sprachlichen Barbarentums der Faschisten vorgenommen, sondern auch einen erschütternden Bericht über seine Erfahrungen in der Nazizeit, darunter auch mit dem jetzigen Angeklagten, überliefert hat. Von diesem bewegenden Zeitdokument wird hier noch die Rede sein. Es lag als Beweismittel auf dem Richtertisch. Man kann an ihm nicht vorbei, wenn man die Jahre des unheilvollen Wirkens von Obersturmführer Schmidt in Dresden behandelt.

Bei seiner Ankunft waren Professor Klemperer und Professor Conradi aus Lehramt und Klinik schon vertrieben, für die meisten ihrer früheren Kollegen zu Unpersonen geworden, mit denen auch nur im Gespräch gesehen zu werden große Gefahren mit sich brachte. Indessen hatten sie sich nicht, wie viele andere Dresdner Juden, zur Emigration entschließen mögen. Selbst in ihren finstersten Träumen hatten sie sich nicht vorstellen können, daß das deutsche Volk, dem sie sich fest zugehörig fühlten und zu dessen kulturellem und zivilisatorischem Aufstieg sie soviel beigetragen hatten, Menschen wie den Gestapokommissar Henry Schmidt hervorbringen könnte. Aber da kannten sie ihn ja auch noch nicht.

Schmidt bezog sein Chefbüro im ersten Stock des Gestapogebäudes Bismarckstraße, gegenüber dem Hauptbahnhof (bis es die Gestapo für sich in Anspruch nahm, hatte es unter dem Namen „Continental“

*Professor Victor Klemperer.*

als Hotel gedient) und ging unverzüglich daran, die Zahl der jüdischen Bürger Dresdens zu dezimieren. Seine ersten Opfer waren zwei jüdische Frauen, die etwa 40jährige Klara Weiß und ihre Tochter Eva, nach den Zeugenaussagen damaliger Nachbarn zwischen 16 und 18 Jahre alt. Sie hatten das Pech, in einer Wohnung zu leben, die Gestapo-Schmidt zusagte. Da seine Familie noch an seinem früheren Dienstort Katowice lebte, beauftragte er einen in Dresdner Judenangelegenheiten schon erfahrenen Mitarbeiter, den Obersekretär Müller, bekannt unter dem Spitznamen „Judenmüller", einen besonders üblen Schläger, den Schmidt einmal als seinen „väterlichen Freund und Lehrer" bezeichnete, die Wohnung im Hause Schlüterstraße 22 b „frei zu machen". Müller wußte schon, wie. Der Angeklagte: „Mit Hilfe der jüdischen Gemeinde hat Müller die beiden Frauen aus der Wohnung ‚herausgenommen' und im Gemeindehaus auf dem Friedhof untergebracht." So wie er heute darüber redet, hat man den deutlichen Eindruck, daß er immer noch dafür hält, es sei sein „gutes Recht" gewesen, die beiden Frauen aus ihrem Heim jagen zu lassen, um sich dort selbst einzunisten. „Die Wohnung ist mir ja zugewiesen worden", fügt er in erstauntem Ton hinzu, als könne er es gar nicht fassen, daß ihm der Staatsanwalt die Exmittierung der rechtlosen Familie Weiß als Bestandteil einer verbrecherischen Handlung vorwirft. Darin, daß er seinerzeit Mutter und Tochter auf den Friedhof verwies, mag man einen makabren Hintersinn erkennen. Das Verwaltungsgebäude der jüdischen Gemeinde war für sie ja nur als vorübergehender Wohnsitz bestimmt. Sie wurden in das sogenannte Judenlager am Hellerberg gesperrt, wo sie, wie viele Leidensgefährten, Sklavenarbeiten für den Zeiss-Ikon-Rüstungskonzern leisten mußten (vgl. den Abschnitt „Das ‚Judenlager' Hellerberg"). Von dort wurden sie schließlich nach Auschwitz transportiert. Ihre letzte „Wohnung" wurde eines der Gräberfelder bei Birkenau, auf denen die Asche von 6 Millionen toten Juden verscharrt oder verstreut ist. Dieses Schicksal war ihnen schon bestimmt, als Schmidt sie aus ihrem Heim vertrieb. Und er wußte es.

Wie wir von dem deutschen Kommunisten und Kundschafter der Sowjetunion Gerhard Kegel wissen, war Schmidts Art der Wohnungssuche kein Dresdner „Patent". Nach dem „Endlösungsbeschluß" ließ Ribbentrop im Berliner Auswärtigen Amt Listen „demnächst frei werdender, weil noch von Juden bewohnter" Wohnungen auslegen. Sie wurden Nazidiplomaten angeboten mit dem Hinweis, auf Wunsch könnten sie „kurzfristig frei gemacht" werden. So sicherte man diesem auserwählten Kreis von Nazibonzen ihren persönlichen Anteil an der Beute, die das Verbrechen der „Endlösung" zugleich als Raubzug charakterisieren. (Vgl. Gerhard Kegel, In den Stürmen unseres Jahrhunderts, Berlin 1987, S. 272.)

# „Einkauf“ zum Sterben

*Zum schrankenlosen Terror der höhnische Betrug: Schmidt schiebt die ersten Dresdner Juden ins „Altersheim Theresienbad“ ab.*

Im Frühjahr 1942 begannen so, wie auf der Wannseekonferenz festgelegt, die Transporte in das Ghetto Theresienstadt, das zur Täuschung der Weltöffentlichkeit als Musterghetto, als eine Stätte bevorzugter Behandlung für verdiente jüdische Kriegsteilnehmer, ja als „jüdisches Altersheim“ ausgegeben und sogar einer Delegation des Internationalen Roten Kreuzes vorgeführt wurde.

*Ankunft im „Altersheim“ Theresienstadt.*

Die grausame Wahrheit war, daß Theresienstadt (tschechisch Terezín) – früher eine österreichische Militärfestung, deren Mauern, Gräben und Kasematten man heute auf der Autofahrt nach Prag knapp 50 Kilometer südlich der DDR-Grenze, unweit von Litomerice erschaudernd passiert –, die Wahrheit war, daß dieser angeblich so idyllische Ort in den Ausrottungsplänen der SS eine mehrfache Funktion

Heimeinkaufsvertrag H

Nr. 350

Zwischen der Reichsvereinigung der Juden in Deutschland

und

~~Herrn/Frau/Fräulein~~/den Eheleuten Julius Israel Lewin. . . .
u. Sahra Lewin geb.Grzebinarz

gesetzlich vertreten durch -.- . . . . . . . . . . . . . .

wird folgender Heimeinkaufvertrag geschlossen:

1.

a) ~~Herr/Frau/Fräulein~~/die Eheleute Julius.Israel L e w i n .
u. Sahra L e w i n geb.Grzebinarz
~~erkennt~~/erkennen folgendes an:

Da der Reichsvereinigung die Aufbringung der Mittel für die Gesamtheit der gemeinschaftlich (in Theresienstadt) unterzubringenden, auch der hilfsbedürftigen, Personen obliegt, ist es Pflicht aller für die Gemeinschaftsunterbringung bestimmten Personen, die über Vermögen verfügen, durch den von ihnen an die Reichsvereinigung zu entrichtenden Einkaufbetrag nicht nur die Kosten ihrer eigenen Unterbringung zu decken, sondern darüberhinaus soweit als möglich auch die Mittel zur Versorgung der Hilfsbedürftigen aufzubringen.

b) ~~Herr/Frau/Fräulein~~/die Eheleute Julius Israel L e w i n
u. Sahra L e w i n geb. Grzebinarz
~~kauft~~/kaufen sich vom 22. September 1942. . ab in die Gemeinschaftsunterbringung mit einem Betrag von . . . 158.ooo.- . RM
(in Worten Einhundertachtundfünfzigtausend .- .- .- .- .- .- .- .-RM) ein.

2.

Der Einkaufbetrag wird wie folgt entrichtet:

a) ~~in bar~~: RM 19.ooo.- in Wertpapieren
RM . . . 17.875.25 . . . . . . . . . " Wertpapieren
RM 2o.424.75 dch.Banküberweisung

b) durch die - hiermit - ~~mit beiliegender Urkunde~~ - vollzogene Abtretung von

RM 81.ooo.- für Reichsfluchtsteuer gesicherter Wertpapiere
u." 19.7oo.- " dinglich gesicherter Forderungen.

Besondere Urkunde hierüber liegt bei den Akten der Israelitischan Religionsgemeinde zu Dresden e.V.

3.

In die Gemeinschaftsunterbringung können nur Gegenstände nach Maßgabe behördlicher Weisungen eingebracht werden.

erfüllte. Eine der besonderen Tücken der Nazis bestand darin, ihre Mordpläne mit Hilfe der Mordopfer ins Werk zu setzen. Wie in anderen europäischen Ländern, die sie unter ihre Stiefel gezwungen hatten, gründeten sie auch in Deutschland eigens jüdische Organisationen, so die „Reichsvereinigung der Juden in Deutschland“ mit lokalen Zweigen, wie der „Israelitischen Religionsgemeinschaft“ zu Dresden, deren Vorsitzenden, Dr. Hirschel, Schmidt samt Familie nach Auschwitz zur Vergasung abtransportieren ließ, nachdem er ihn und die anderen Mitglieder gezwungen hatte, ihm bei der Verfolgung, Entrechtung und Ermordung ihrer Schicksalsgefährten Hilfe zu leisten.

Nachdem die Dresdner Juden mit dem gelben Stern gebrandmarkt und aus ihren Wohnungen geworfen worden waren, um sie in sogenannten Judenhäusern zusammenzupferchen, erhielten sie eines Tages den Befehl, sich am nächsten Morgen mit nicht mehr als einem Stück Handgepäck am Sitz der Israelitischen Religionsgemeinschaft Zeughausstraße 1 einzufinden, um nach Theresienstadt abzureisen. Vorher hatten sie jedoch ein wahrhaft teuflisches Machwerk zu unterschreiben: einen „Heimeinkaufsvertrag“, mit dem sie auf ihr gesamtes Vermögen verzichteten. Dem Gericht liegen als Beweismittel derartige „Verträge“ vor, zum Beispiel der, mit dem die Eheleute Lewin einen Betrag von 158 000 Reichsmark, darunter eine „Reichsfluchtsteuer“ von 81 000 Reichsmark, an die schon erwähnte Reichsvereinigung abtraten, in Wahrheit aber an die SS. Dazu die Sachverständige Ludmilla Chladkowa in ihrem ausführlichen Gutachten, das sie im Auftrag der Tschechoslowakischen Regierungskommission zur Verfolgung von Nazi- und Kriegsverbrechen erstattete: „Zur weiteren Sicherung der finanziellen Interessen der SS dachten sie sich den Vertrag über den Kauf eines Platzes in dem jüdischen Altersheim aus.“

Vorsitzender: „Was sollte denn da eingekauft werden?“

Angeklagter (mit deutlichem Erstaunen über die „Begriffsstutzigkeit“ des DDR-Juristen, der ein so einfaches Geschäft nicht versteht): „Natürlich sein künftiger Wohnsitz dort, nicht wahr!“

Vorsitzender: „Also die Tatsache, daß er zwangsweise seinen Lebens- und Wohnort verlassen mußte, hatte er seinen Vertreibern auch noch teuer zu bezahlen, mit all seiner verbliebenen Habe ...“

Die SS ließ von ihren „Experten“ berechnen, daß die Insassen ihres „Musterghettos“ durchschnittlich 85 Jahre alt würden. Für jedes Jahr dieser „Lebenserwartung“ waren für Unterkunft, Verpflegung und persönliche Dienstleistungen vorab 1 000 Reichsmark zu entrichten. Die Wohlhabenden unter den künftigen „Heiminsassen“ mußten auch die Mittel für die Unterbringung der weniger Begüterten aufbringen.

Die Gestapo, für die ja längst kein Bankgeheimnis mehr existierte, wußte den Endbetrag der „Vertragsurkunde“ stets so zu berechnen,

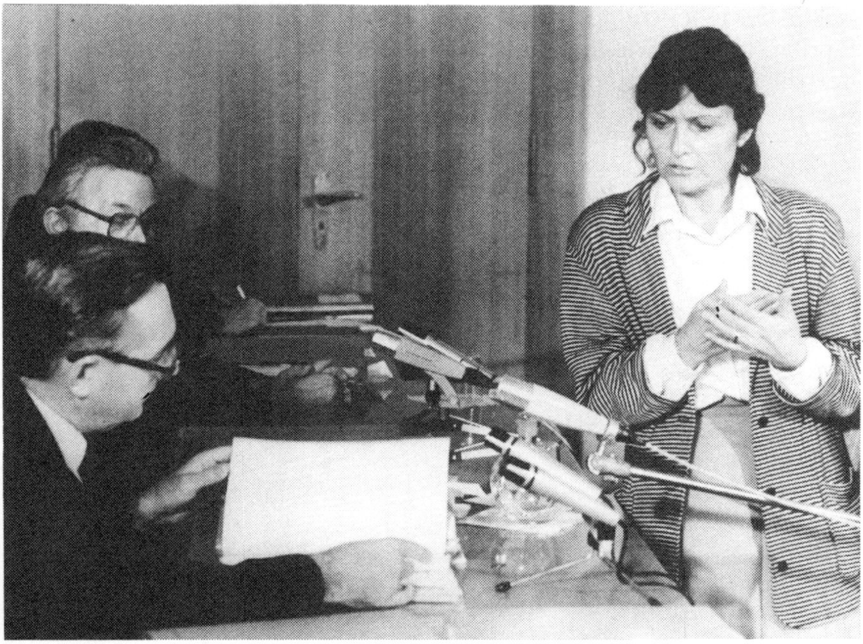

*Die tschechoslowakische Sachverständige Ludmilla Chladkowa: „Im Ghetto starben die Menschen wie die Fliegen."*

daß die Deportierten bis auf den letzten Pfennig ausgeplündert waren, sobald sie „auf Transport" gingen.

Angeklagter: „Dem Vertrag war noch eine Bescheinigung beigefügt, die von unserer Dienststelle abgestempelt werden mußte, als Bestätigung, daß der Betreffende wirklich auf Transport gegangen war. Damit waren die kontoführenden Bankhäuser dann angewiesen, die angegebenen Beträge auf eine ganz bestimmte Bank nach Berlin zu überweisen."

Namentlich auf die älteren deutschen Juden verfehlte die zynische Täuschung, sie hätten sich in ein normales Altersheim „eingekauft", nicht völlig ihre Wirkung. Für sie waren Leute wie Schmidt „deutsche Amtspersonen", auf deren Wort und Unterschrift sie felsenfest bauen zu können glaubten. In ihrer bedrängten Lage klammerten sie sich an jeden Strohhalm. Wie die Sachverständige schildert, waren viele von ihnen fest überzeugt, sie kämen in ein „Altersheim", das Hitler ihnen „geschenkt" hatte. In ihrem Gepäck schleppten sie Fracks, Gesellschaftskleider, Auszeichnungen, Familienalben und viele andere nutzlose Dinge mit. Schrecklich war für sie das Erwachen, wenn sie sich in der lebensfeindlichen Welt eines faschistischen Ghettos wiederfanden, in dem, wie die Gutachterin nachwies, ähnliche Bedingungen herrschten wie in einem Konzentrationslager.

# Die Aussage des Zeugen Munter

*Erlebnisse in Terezín: Wie der schwedische Graf Bernadotte hinters Licht geführt werden sollte. „Am nächsten Tag gingen sie alle ab nach Auschwitz ins Gas . . .“*

Der Zeuge Munter, ein jüdischer Antifaschist aus Berlin: „Wir kamen zu 46 Mann in ein Zimmer. Ohne Strohsack oder irgend etwas mußten wir dort auf dem Boden kampieren. Von diesen 46 Menschen habe ich in einem knappen halben Jahr 26 als Leichen hinausgetragen. Das Essen war furchtbar, die Zustände waren schrecklich. Die alten Menschen, ich war dort einer der Jüngsten, starben an ihrer Enttäuschung, an ihrer Verzweiflung, an dem Schmutz, der überall herrschte. Man muß sich das einmal vorstellen. In einer Stadt, die in normalen Zeiten 6000 Einwohner hatte, waren wir bis zu 70000 Menschen im Lager, ohne daß die sanitären Verhältnisse sich auch nur im geringsten geändert hatten. Es war eine Qual, dort leben zu müssen.“

Der Zeuge war einer der wenigen Handwerker unter den Insassen des Lagers Theresienstadt. Die SS brauchte seine Dienste, vor allem für die zynische Komödie, die sie damals einer Delegation des Internationalen Roten Kreuzes unter der Leitung des schwedischen Grafen Bernadotte vorgespielt hat: „Seht her, so human behandeln wir die Juden!“ Jahrzehnte später berichtete in Dresden der Zeuge Munter: „Wir mußten auf dem Marktplatz, den wir sonst überhaupt nicht betreten durften, einen Musikpavillion bauen. Ein Kinderpavillion wurde gebaut mit weiß bezogenen Betten, in denen nur an dem einen Tag, als Bernadotte kam, Kinder waren. Wir kriegten mal ein bißchen saubere Wäsche und mußten an der Straße stehen und ihn freundlich grüßen, und er ging die Straßen lang, die ihm vorgeschrieben waren. Ich werde nie vergessen, daß er mal einen Blick in eine andere Straße warf und sah, daß weit entfernt viele Kinder vorbeigeführt wurden. Er fragte den Lagerkommandanten Rahm, was das für Kinder wären. Rahm sagte ihm: ‚Na, die waren spielen und gehen jetzt zu ihren Eltern nach Hause.‘ In Wirklichkeit gingen diese Kinder alle ab nach Auschwitz ins Gas.“ Früher oder später ereilte die meisten Insassen des „Altersheims“ dieses Schicksal.

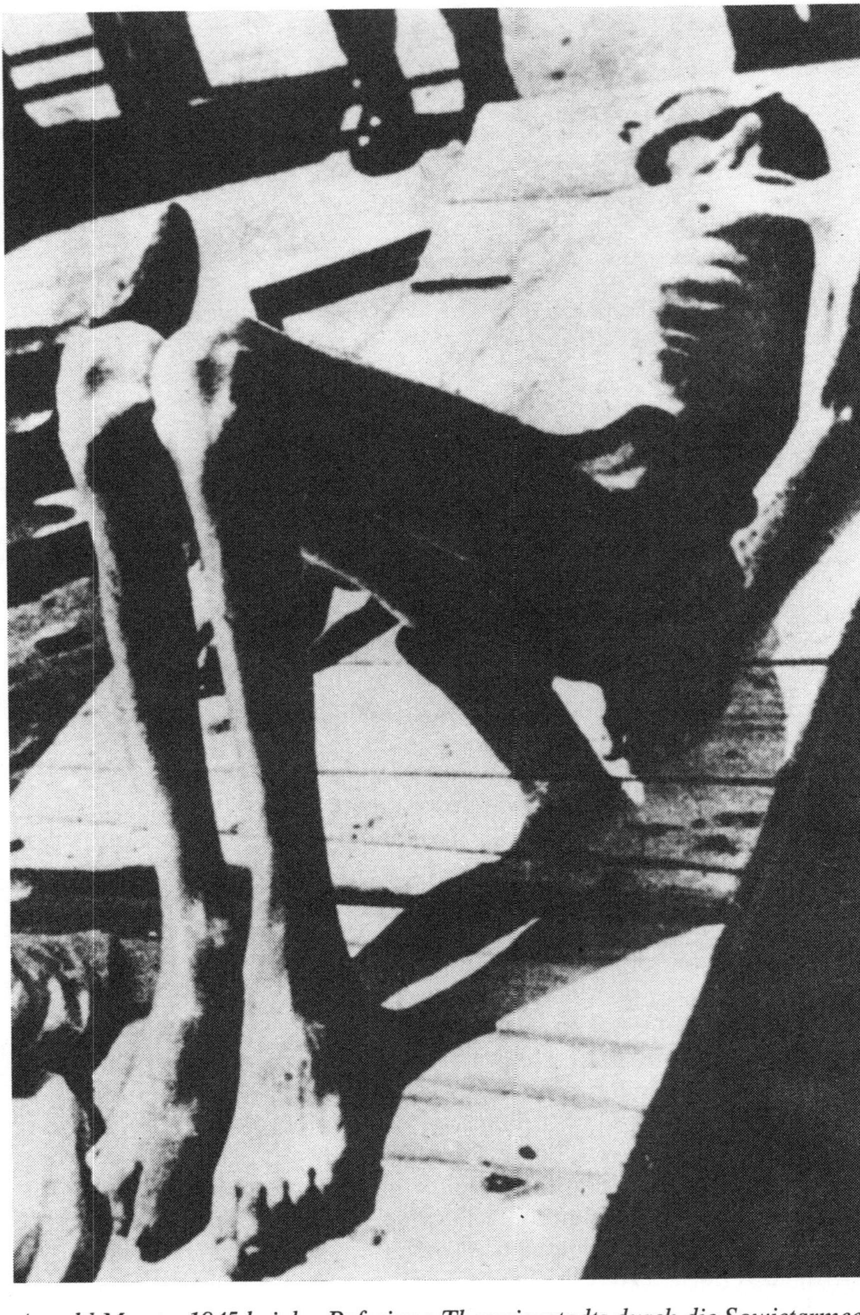

*Arnold Munter 1945 bei der Befreiung Theresienstadts durch die Sowjetarmee . . .*

*. . . und 1987 im Zeugenstand.*

Die ersten Transporte aus Dresden hat Schmidt selbst begleitet. Von den Zuständen im Lager will er aber nichts gewußt haben, er hätte die Häftlinge stets schon am Tor abgeliefert und unmittelbar danach die Rückfahrt angetreten. In einem Fall hätte er mit seinen Männern noch Tischtennis gespielt (!). Von dem unbeschreiblichen Elend hinter den Mauern des „Altersghettos" will er ebensowenig etwas bemerkt oder erfahren haben wie von dessen Funktion als bloße Durchgangsstation zu den eigentlichen Vernichtungslagern. Die tschechoslowakische Sachverständige arbeitet heute in der Nationalen Mahn- und Gedenkstätte Terezín. Sie legt dem Gericht erschütternde Beweisdokumente vor, die im Archivbestand erhalten geblieben sind. Transportlisten, Sterbematrikel, die Verbrennungstagebücher des Lagerkrematoriums und andere Unterlagen enthüllen das Schicksal der Menschen, die Eichmanns Leute mit ungeheuerlichem Betrug aus ganz Europa dorthin verschleppt haben.

Sachverständige: „In der Jahresmitte 1942 (also kurz nachdem Schmidt seinen Dienst in Dresden angetreten hatte – *d. Verf.*) begannen die Transporte aus Deutschland und Österreich. Sie wurden in den Listen mit römischen Zahlen gekennzeichnet. So trugen die Transporte aus Berlin die Zahl I, die aus Dresden eine V. Die angefügte arabische Zahl gab an, um den wievielten Transport es sich handelte."

Die Blicke richten sich wieder auf den Buchhaltertyp mit der Hornbrille, der auf seinen Ordnungssinn, auf seine bürokratischen Fähigkeiten noch immer stolz ist. Jetzt verraten ihn die Ziffern, die er säuberlich auf die Transportlisten gemalt hat, als „Absender" von mindestens 10 Transporten mit 375 Personen. Hier wird ihm das von ihm selbst so peinlich genau geführte Schuldkonto präsentiert. Die Sachverständige belegt in ihrem umfangreichen Gutachten aber auch eindeutig, wie sich das weitere Schicksal seiner Opfer gestaltete: „Im September 1942 verstarben in Terezín 3 941, im Oktober 3 096 Personen, ingesamt waren es bis zur Befreiung 33 500 Tote. Im September und Oktober 1942 wurden insgesamt 9 Transporte mit jeweils 2 000 Personen nach dem Osten abgefertigt, in der Lagerkartei ebenfalls mit Buchstaben und Ordnungsnummern registriert. Sie trugen die Bezeichnung Bq–by. Nach Errichtung des größten Vernichtungslagers – Auschwitz II (Birkenau mit den Gaskammern und Großkrematorien) – gingen alle Transporte aus Terezín nur noch dort hin." Von 42 832 deutschen Häftlingen, die Terezín passierten, verstarben 20 729 an Ort und Stelle, deportiert wurden 15 036, fährt die Historikerin in ihrem schaurigen Gutachten fort: „In unserem Archiv liegen zwar keine genauen Angaben darüber vor, wie viele von ihnen in anderen Lagern überlebten, doch entsprechend dem Schicksal der Transporte sind wir der Ansicht, daß fast niemand überlebte."

*Verbrennungsöfen und Transportwagen für Leichen im Krematorium I im Konzentrationslager Auschwitz-Birkenau.*

Durch weitere Beweiserhebungen kann mit Hilfe der Unterlagen aus Theresienstadt noch manches Einzelschicksal geklärt werden. So steht fest, daß von den 50 Dresdnern, die unter der persönlichen Verantwortung des Angeklagten am 8. September 1942 mit dem Transport V/6 nach Theresienstadt verschickt worden und am 11. September 1942 dort angekommen sind, 39 in Theresienstadt verstarben, darunter schon am 14. September der schwer körperbehinderte Fritz Marckwald. So weisen es die Tagebücher des dortigen jüdischen Ältestenrats aus, die er buchstäblich bis zu seinem eigenen Abtransport nicht weniger sorgfältig als die Gestapo führte.

Schmidt erinnert sich mit der bei ihm üblichen Teilnahmslosigkeit daran, daß er befohlen hat, den gehunfähigen Fritz Marckwald in seinem Rollstuhl auf den LKW zu heben. Zu den 39 Menschen aus diesem Transport, die den Hunger, die unhygienischen Zustände und das grausame Lagerregime in „Theresienbad" nicht überlebten, gehörte auch die Sängerin Muselek aus Königstein. 7 Angehörige des Transportes wurden nach Auschwitz weiterdeportiert und sind dort umgekommen. Ähnlich wie Marckwald erging es dem zu 100 Prozent kriegsbeschädigten 47jährigen Adolf Lewi, Transport V/9. Auch er wurde auf Geheiß des Angeklagten auf den LKW gehoben und abtransportiert. „Nur der Gestapoagent Schmidt mit seinem Sekretär Müller konnten so etwas fertigbringen", stellte die Schwester des Adolf Lewi, die ihn bis dahin gepflegt hatte, im Jahre 1950 in einem Brief verbittert fest. Auch Lewi überlebte seine Ankunft in Theresienstadt – für den 21. Juni 1943 nachgewiesen – nur um zwei Tage. Schon am 23. Juni erscheint sein Name in der Sterbeliste des Ältestenrates. Ebenfalls mit dem Transport V/9 kamen der vorherige Vorsteher der Israelitischen Religionsgemeinde zu Dresden, Dr. Kurt Hirschel, (vgl. den Abschnitt „Zwei alte Frauen ...") und sein Stellvertreter Adolf Kahlenberg mit ihren Familien ins „Musterghetto". Schmidt war mit der „Endlösung" in Dresden schon so weit vorangekommen, daß er ihre Dienste nicht mehr benötigte. Am 28. Oktober 1944 wurden die Familien Hirschel mit ihren beiden 8- und 11jährigen Söhnen und Kahlenberg mit seiner Mutter mit dem sogenannten Familientransport F V 1779 nach Auschwitz gebracht und dort – da ihre Namen weder in den Listen der Zugänge noch in anderen Häftlingsregistern aufgeführt sind – offensichtlich bereits auf der Rampe selektiert und sofort vergast.

Von den insgesamt 375 mit Dresdner Transporten Verschleppten haben nach den urkundlichen Nachweisen, auf die die Sachverständige ihre Feststellungen stützt, nur 27 Personen überlebt. Über den Verbleib bzw. den Tod von 39 Personen gibt es keine letzte Klarheit. Soweit zweifelsfrei nachgewiesen ist, daß Opfer aus dem unmittelbaren Verantwortungsbereich des Angeklagten in Verfolg der verbrecherischen Vernichtungspolitik der Gestapo deportiert worden sind und dadurch den Tod fanden, legt die Anklage ihm dies als Verbrechen gegen die Menschlichkeit gemäß Artikel 6 Buchstabe c des IMT-Statuts in der Begehungsweise des vollendeten Mordes, in den anderen Fällen als versuchten Mord zur Last. Seine Taten waren Bestandteil der von der Wannseekonferenz angestrebten „Endlösung", also des staatlich organisierten Massenmordes.

# Das „Judenlager" Hellerberg

*Ein kürzerer Weg auf die Rampe von Birkenau. Vor dem Sterben noch Profit für Zeiss-Ikon.*

Wer sich heute der Elbmetropole von der Autobahnabfahrt Dresden-Nord her nähert, passiert eine breite, zweibahnige Schnellstraße. Sie führt durch eine heideartige Landschaft, die Hellerberge. Unweit davon befindet sich der Flughafen Klotzsche. Dort starten alljährlich Hunderte von Flugzeugen, die sonnenhungrige Urlauber aus dem Süden der DDR an das Schwarze Meer, den Balaton, auf die Krim und zum Kaukasus bringen. Es gab eine Zeit, da führte von hier für viele Menschen nur ein Weg fort: in Güterwagen, deren winzige Luken mit Stacheldraht vergittert waren, geradenwegs zur Ermordung in Auschwitz. Am Hellerberg, in diesem idyllischen Stück Natur, befand sich ein Barackenlager, in dessen drei oder vier schäbige, halb verfallende Baracken die Gestapo drei- bis vierhundert Dresdner Juden, die bis dahin noch in den schon genannten „Judenhäusern" gelebt hatten, pferchte.

Im Sommer und Herbst 1942 beschleunigte das Reichssicherheitshauptamt seine Anstrengungen, um die noch verbliebene jüdische Bevölkerung des Reiches rascher als bisher zu vertreiben und zu vernichten. Das sollte vor allem auch jüngere Menschen betreffen. Der Umweg über das „Altersghetto" Theresienstadt erschien nicht mehr effektiv genug. Ehe sie den ihnen vorbestimmten Tod fanden, sollten die Juden aber noch zur Sklavenarbeit für den Nazistaat und seine Rüstungskonzerne gepreßt werden.

Und auch dabei war Schmidt wieder eine führende Rolle zugedacht. Anfang November 1942 traf er sich mit Vertretern der zum Zeiss-Ikon-Konzern gehörenden Goehle-Werke. Zeiss-Ikon stellte damals keine Türschlösser her, sondern andere feinmechanische Erzeugnisse: Zeitzünder für Granaten. Dafür brauchte der Rüstungskonzern billige Arbeitskräfte. Schmidt konnte und wollte sie liefern, jedenfalls vorübergehend. Schnell wurde man sich einig, ein bereits vorhandenes, den Goehle-Werken gehörendes Barackenlager für die notdürftige

23.11.42

1

N05

Protokoll-Nr. ............ der Warengruppe ............ Blätter | Blatt Nr. 1

geprüft vor dem Pausen:

diktiert von: Herrn Dr. Hasdenteufel am: 10.11.

Verteiler:
Dir. Ernemann
Dir. Simader
Rieß/Hempel
Dr. Hasdenteufel
Stoffers/Nitsche
Hönisch/Kunze

Anwesend: Herren Schmidt von der Gestapo
Köhler Kreisleiter
Müller Obersekretär bei der Gestapo
Stoffers, Nitsche, Hempel, Rieß, Dr. Hasdenteufel – Zeiss-Ikon AG.

Bh 17. NOV. 42 V.

Betrifft: J u d e n l a g e r.

| Bezüglich des Einzuges und der Unterbringung der Juden wurde folgendes beschlossen: | Termin | Verantwortlich für Erledigung |
|---|---|---|

Bezüglich des Einzuges und der Unterbringung der Juden wurde folgendes beschlossen:

1.) Einzugstermin: Montag den 23.11.1942

2.) An Einrichtungen sind von Zeiss-Ikon zu beschaffen: Bettgestelle mit Strohsäcken, Schränke (pro Familie insgesamt 1 Schrank), im übrigen entsprechend der Angabe der Außenstelle des Reichsministers für Bewaffnung und Munition.

3.) Von den Juden sind mitzubringen: Teller, Schüsseln, Bestecke, Becher, Decken, Bettwäsche, Steppdecken und Federbetten, Kopfkissen und je Kopf 6 Hand- und Wischtücher. Für die Einrichtung des Krankenzimmers werden 10 komplette Metallbetten, 150 Handtücher und 150 Wischtücher für Wirtschaftsbetrieb benötigt. Es ist weiter von seitens der Juden die Einrichtung für die Büroräume zu verschaffen.

Sollten von der Außenstelle die uns zugesagten Sachen nicht geliefert werden, so müßte die jüdische Gemeinde für deren Ersatz Sorge tragen. (Pro Kopf 1 Stuhl, sowie die Sitzgelegenheiten des Speiseraumes.) Für den Speiseraum werden ca. 200 Stühle benötigt. Zusätzlich Küchengeräte werden durch Auflösung der jüdischen Mittelstandsküche frei und finden im Wirtschaftsbetrieb Verwendung.

**Zusatzblatt zum Protokoll Nr.** ........ **der Warengruppe** **Blatt Nr. 2**

Betrifft: J u d e n l a g e r .
Niederschrift über die Besprechung am 10.11.1942

| | Termin | Verantwortlich für Erledigung |
|---|---|---|
| 3.) Verwaltung: | | |

Es wurde festgelegt, daß das Lager eine Selbstverwaltung erhält. Herr Komissar Schmidt gibt uns noch einen Lagerältesten, 1 Verwaltungssachbearbeiter und 1 Köchin bekannt. Die Kosten der 3 Personen trägt die Selbstverwaltung. Sie untersteht unmittelbar der Gestapo und wird verpflegemäßig von der Kreisleitung, Pg. Köhler betreut.

Die Beschaffung der Verpflegung obliegt ausschließlich der Firma Zeiss-Ikon. Die Zubereitung und Verteilung liegt bei der Selbstverwaltung. Zeiss-Ikon beschafft die Lebensmittel und stellt sie der Selbstverwaltung zur Verfügung. Bezüglich der Einteilung nicht bezugsscheinpflichtiger Waren setzt sich die Verpflegungsverwaltung Zeiss-Ikon von Fall zu Fall mit der Kreisleitung in Verbindung. Die Berechnung der Lebensmittel erfolgt am Ende des Monats für den vorangegangenen Monat, in dem Zeiss-Ikon der Selbstverwaltung eine Rechnung ausstellt. Auf die Marktpreise kommt ein Zuschlag für Handlungsunkosten und Umsatzsteuer. (wie hoch?)

*Warum erst am Monatsende? Berechnung muss sofort bei der Lieferung erfolgen.* [handwritten initials]

4.) Betr.: Mietpreis:

Es wurde für die ersten 2 Monate ein Mietpreis von -.60 RM pro Kopf und Tag der Lagerinsassen festgelegt, der von der Selbstverwaltung an die Zeiss-Ikon zu entrichten ist. Nach Ablauf von 2 Monaten erfolgt eine Überprüfung und Regulierung des Mietpreises an Hand der Nachkalkulation.

Im Mietpreis sind inbegriffen: die Kosten für Licht, Heizung, Wasser, Telefon, Müllabfuhr, Reparaturen und Reinigungsmittel, sowie alle Kosten die durch die Bebauung des Geländes entstehen. (Pacht an die Landesforstverwaltung usw.) Außerdem die Kosten einer Wache des Bewachungsgewerbes. (Dauernde Besetzung eines Postens)

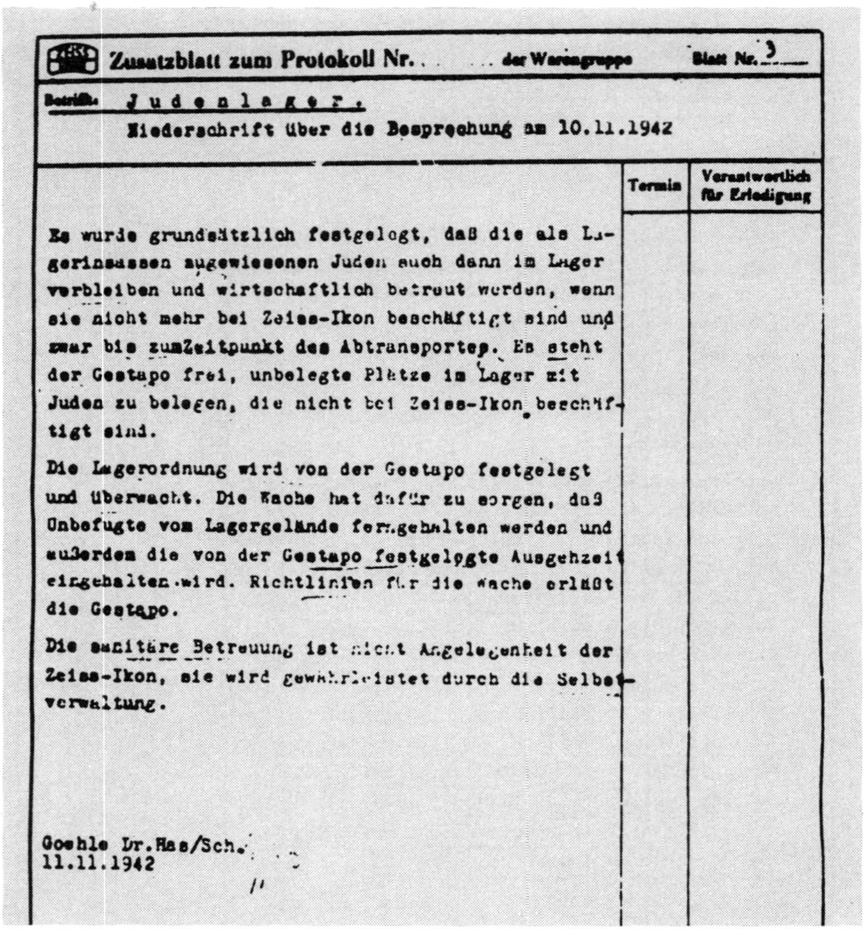

Zusatzblatt zum Protokoll Nr. ...... der Warengruppe Blatt Nr. 3

Betrifft: Judenlager.

Niederschrift über die Besprechung am 10.11.1942

| | Termin | Verantwortlich für Erledigung |
|---|---|---|
| Es wurde grundsätzlich festgelegt, daß die als Lagerinsassen zugewiesenen Juden auch dann im Lager verbleiben und wirtschaftlich betreut werden, wenn sie nicht mehr bei Zeiss-Ikon beschäftigt sind und zwar bis zum Zeitpunkt des Abtransportes. Es steht der Gestapo frei, unbelegte Plätze im Lager mit Juden zu belegen, die nicht bei Zeiss-Ikon beschäftigt sind.<br><br>Die Lagerordnung wird von der Gestapo festgelegt und überwacht. Die Wache hat dafür zu sorgen, daß Unbefugte vom Lagergelände ferngehalten werden und außerdem die von der Gestapo festgelegte Ausgehzeit eingehalten wird. Richtlinien für die Wache erläßt die Gestapo.<br><br>Die sanitäre Betreuung ist nicht Angelegenheit der Zeiss-Ikon, sie wird gewährleistet durch die Selbstverwaltung.<br><br>Goehle Dr.Has/Sch.<br>11.11.1942 | | |

Unterbringung der „Arbeitsjuden“ zu benutzen. Auch über die sonstigen Bedingungen war man rasch handelseinig: Die jüdische „Selbstverwaltung“, die Schmidt nach bewährtem, hinterhältigem Muster ernennt, soll für ihr elendes Gefängnis auch noch „Miete“ bezahlen und sogar für ihre Bewachung aufkommen.

So konnte der Angeklagte schon im November den Vorstand der Israelitischen Religionsgemeinde anweisen, mindestens 300 Männer, Frauen und Kinder für den 23. November mit jeweils einem Stück Handgepäck in die Entlausungsanstalt Rosenstraße zu beordern. „Ich habe mich selbst davon überzeugt, daß die Juden auch entlaust wurden, ehe sie in das Hellerberg-Lager kamen“, begründete Schmidt seine Anwesenheit in der „Entlausungsanstalt“. Sichtlich peinlich schienen ihm aber die weiteren Fragen des Staatsanwalts zu sein. Mußte er doch gestehen, daß sich unter den splitternackten Männern, Frauen und Kindern, zwischen denen er in seiner grau-grünen Uniform herumspazierte, auch Klara und Eva Weiß befunden hatten, die beiden Frauen, die seine ersten Opfer, sein „Einstand“ in Dresden waren, die er, da ihm ihre Wohnung „zusagte“, kurzerhand daraus hatte vertreiben lassen.

Nach der „Entlausung“ wurden die Opfer unter Schmidts Leitung von Polizisten in das Lager, dem Wesen nach eine Sammelstelle für die Gaskammern von Auschwitz, transportiert.

Wertvolle Erkenntnisse über diese „Judensiedlung“, so der amtliche Sprachgebrauch der Gestapo, verdanken wir Helmut Aris, dem langjährigen Präsidenten des Verbandes der Jüdischen Gemeinden in der DDR. Er bekundete die unmenschlichen Lebensbedingungen in dem unter dem Regime der Dresdner Gestapo stehenden Lager, dessen Insassen durch den Rüstungskonzern wie Sklaven ausgebeutet wurden.

Auch der Zeuge Justin Sonder aus dem damaligen Chemnitz hat den Hellerberg gesehen. In seiner Heimatstadt war er Ende Februar 1943 von Gestaposchergen auf dem Wege zur Arbeit auf offener Straße überfallen und in das Untersuchungsgefängnis in der Hartmannstraße verschleppt worden. Schon 4 Nächte später kam er gemeinsam mit 40 weiteren Chemnitzer Juden nach Dresden. Auf dem Hellerberg lebte er aber nur kurze Zeit. Die Nazis hatten es jetzt eilig mit der „Endlösung“. Im Reichssicherheitshauptamt mochte man die Frontlage wohl realistischer einschätzen als im Oberkommando der Wehrmacht, das nach wie vor seine täglichen Jubelmeldungen herausgab. Der Gestapo aber wurde langsam angst, ob die unaufhaltsam heranrückenden Truppen der Alliierten ihr wohl Zeit lassen würden, ihren Plan der restlosen Ausrottung des europäischen Judentums auszuführen. Dies war ihr jetzt sogar wichtiger als die Präzisionszünder aus dem Hause Zeiss-Ikon.

Deshalb erhielt der Angeklagte Ende Februar 1943 direkt von Eichmann den Befehl, das Lager Hellerberg aufzulösen. Er erklärte es daraufhin zum Polizeigefängnis und ließ es fortan von Schutzpolizisten bewachen, mit dem Befehl zum sofortigen Schußwaffengebrauch bei jedem Versuch eines Häftlings, das Lager zu verlassen. Kein einziges der Opfer sollte sich im letzten Augenblick dem ihm vorbestimmten Geschick entziehen können, in der Gaskammer zu ersticken.

Zeuge Justin Sonder: „Ungefähr in der Nacht vom 2. zum 3. März 1943 wurden die Insassen des Barackenlagers Dresden-Hellerberg, darunter auch wir jüdischen Bürger aus Chemnitz, auf LKWs unter

*Justin Sonder als Zeuge vor dem Bezirksgericht Dresden.*

strenger Bewachung zu einem Güterbahnhof gebracht, wahrscheinlich war es der Bahnhof Dresden-Neustadt. Dort wurden wir in Viehwaggons verladen und in das KZ Auschwitz deportiert. Wenn ich nicht irre, traf unser Transport in den Abendstunden des 3. 3. 1943 in Auschwitz-Birkenau ein. Unmittelbar nach unserer Ankunft wurden wir selektiert. Ich wurde zunächst zur Zwangsarbeit ausgewählt und in der Folgezeit in Auschwitz-Monowitz für die IG Farben eingesetzt. Einen Tag nach meiner Ankunft wurde mir auf dem linken Unterarm die Häftlingsnummer 105 027 eintätowiert."

Der Zeuge streift seinen linken Ärmel hoch. Die blauen Ziffern auf der Oberseite des Unterarmes sind nach wie vor gut zu erkennen. Sie haben sich als dauerhafter erwiesen als die SS-Blutgruppentätowierung des Angeklagten. Allerdings hat Justin Sonder, der im April 1945 bei Regensburg durch amerikanische Truppen befreit wurde, in seine Heimatstadt zurückkehrte, studierte und heute als Rentner in Karl-Marx-Stadt lebt, die KZ-Nummer stets als eine Art Ehrenzeichen getragen, während Schmidt in der für SS-Angehörige charakteristischen Tätowierung zu Recht ein verräterisches Schandmal sah und sie sich 1945 schleunigst entfernen ließ (vgl. den Abschnitt „Gestapo kaputt ...").

Die Angaben von Justin Sonder werden durch Aussagen des Zeugen Erhard Deutsch, der die Hölle von Auschwitz auch durchlebt hat, bestätigt und ergänzt. Aus ihnen ergibt sich, daß etwa 300 Insassen des Lagers Hellerberg, allesamt Opfer des Dresdner Judenjägers Schmidt, mit einem Sammeltransport nach Auschwitz kamen, der vorher schon durch ganz Deutschland gefahren war und dabei immer mehr Häftlinge aufgenommen hatte. Erhard Deutsch und seine Frau, die in Paderborn gelebt hatten, mußten in Bielefeld „zusteigen". Die Zeugen geben übereinstimmend an, der Zug habe zuletzt 30 oder mehr Güterwagen mit mehreren tausend Menschen umfaßt. Die meisten von ihnen sind – wie 70 Prozent aller im Laufe des Jahres 1943 Ankommenden – schon bei der Ankunft selektiert worden und haben gar keine Häftlingsnummer erhalten, sondern sind von der Rampe direkt in die Gaskammer gebracht worden. Der Zeuge Deutsch, damals wie Justin Sonder ein junger und kräftiger Mann, erhielt die Nummer 104 911, die er dem Gericht ebenfalls vorweist, und kam zum Arbeitseinsatz.

Die Häftlingsnummern sind bedeutsam. Sie erlauben es, an Hand der vom Auschwitzmuseum herausgegebenen „Auschwitzer Hefte" die Ankunft des Transportes, dem auch die Dresdner Häftlinge aus dem Lager Hellerberg angehörten, zeitlich einzuordnen und zu berechnen, daß lediglich 535 Männer und 145 Frauen aus diesem Transport überhaupt eine Nummer erhalten haben, also ins Lager aufgenommen wurden, während die anderen sofort ins Gas gingen. Wieviel von ihnen aus Dresden stammten, läßt sich hingegen nicht mit letzter Sicherheit klären, da über die gar nicht erst ins Lager Gelangten keine Aufzeichnungen existieren. Deshalb lassen sich weder genaue Zahlen noch die Namen der Getöteten feststellen. Viele tragische Schicksale bleiben ungeklärt. Indessen ist sicher, daß auch die meisten der bei der ersten Selektion noch verschonten Häftlinge zu Tode gekommen sind. Der Zeuge Sonder berichtet von 16 späteren Selektionen, die er nur dank seiner bei der Ankunft in Auschwitz noch verhältnismäßig guten körperlichen Konstitution überstanden hat. Wie die Selektionen sowohl an der Rampe als auch bei IG Farben in Monowitz verliefen, ist gerichtsnotorisch, nicht zuletzt durch den Prozeß gegen den ehemaligen Auschwitz-„Arzt" Fischer vor dem Obersten Gericht der DDR.

Obwohl nach alledem kein ernsthafter Zweifel daran bestehen kann, daß die Massentransporte jüdischer Menschen insgesamt nur ein Ziel hatten: die „Endlösung der Judenfrage", also die totale physische Vernichtung, bestreitet der Angeklagte, seine Transportzüge im vollen Bewußtsein dieses Zieles auf die Reise in den Tod geschickt zu haben. Noch in seiner Berufungsschrift behauptet er, an eine Verschickung zum „Arbeitseinsatz" geglaubt zu haben. Offenbar vergißt

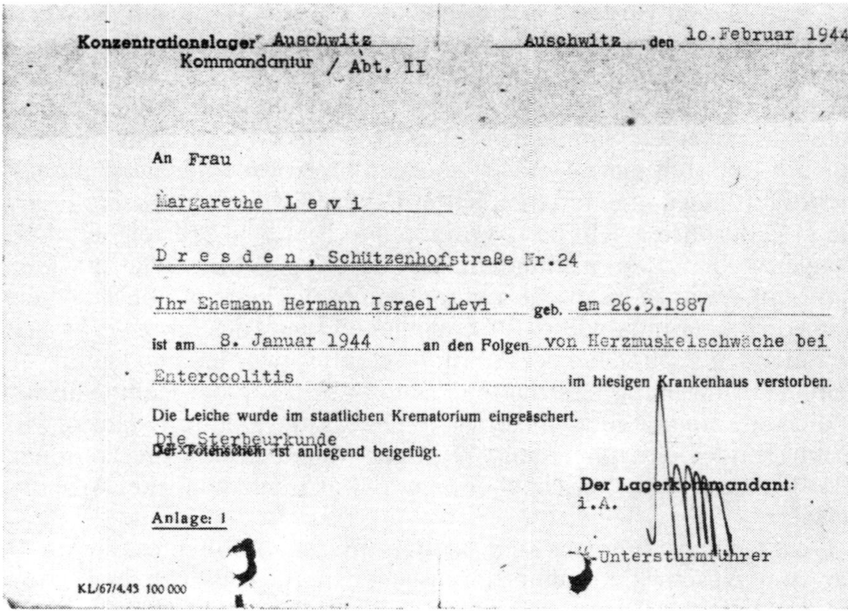
Konzentrationslager Auschwitz — Auschwitz, den 10. Februar 1944
Kommandantur / Abt. II

An Frau

Margarethe Levi

Dresden, Schützenhofstraße Nr. 24

Ihr Ehemann Hermann Israel Levi geb. am 26.3.1887

ist am 8. Januar 1944 an den Folgen von Herzmuskelschwäche bei

Enterocolitis im hiesigen Krankenhaus verstorben.

Die Leiche wurde im staatlichen Krematorium eingeäschert.

Die Sterbeurkunde
Der Totenschein ist anliegend beigefügt.

Der Lagerkommandant:
i.A.

SS-Untersturmführer

Anlage: 1

KL/67/4.43 100 000

*Todesnachricht aus Auschwitz. Hermann Levi war von Schmidt dorthin deportiert.*

er dabei, daß seine Frau 1944 einer Nachbarin wohl mit Stolz auf die Machtfülle ihres Ehemannes anvertraut hatte, die Familie Weiß werde nicht zurückkommen, ihr Mann – also Schmidt – habe sie ins KZ Auschwitz geschickt.

# „Sprache, die für dich dichtet und denkt ...“

*Die Zeugen Sabarstinski und Dr. Hirsch, „Mischling ersten Grades“? Wie Dr. Hirsch den Angeklagten 1944 kennengelernt hat und wie er ihn heute wiedersieht.*

Die Zeugin Ilse Sabarstinski, heute ist sie 65 Jahre alt und noch immer von den bitteren Erfahrungen ihrer Kindheit und Jugend geprägt, schildert ihren Leidensweg unter Schmidts gelben Sternen.

Ihr Vater war jüdischer Herkunft, und ihre Mutter war vor ihrer Hochzeit zum jüdischen Glauben übergetreten. Nach dem Erlaß der „Nürnberger Rassegesetze“ wurde Ilse aus der Schule geworfen, durfte ihre Lehre als Modistin nicht beenden, mußte den zusätzlichen Namen „Sara“ führen und wurde mit dem gelben Stern gebrandmarkt.

Es folgt die absolute Entrechtung, Isolierung im „Judenhaus“ Zeughausstraße, schikanöse Hausdurchsuchungen, Vernehmungen im „Judenreferat“ der Gestapo, bei denen Schmidt und seine Schergen mit brutalen Schlägen und Fußtritten ihren Judenhaß abreagieren. Schließlich erwirkt der Dresdner Sachwalter Eichmanns im Juni 1944 gegen Ilse und ihre Eltern Georg und Elsa Frischmann „Schutzhaftbefehle“ mit der Begründung, daß sie Verbindung zu sowjetischen Kriegsgefangenen unterhalten hätten. Befriedigt konnte er aus seinem täglich schrumpfenden „Judenregister“ weitere Karteikarten als „erledigt“ aussondern.

Ilse Sabarstinski ist einer der wenigen Einwohner der Elbestadt, die das Todeslager Auschwitz-Birkenau überlebt haben. Ihre Mutter wurde von der Sowjetarmee aus dem Zuchthaus Waldheim befreit. Ihr Vater kehrte aus dem Konzentrationslager nicht zurück.

Befragt, ob sie im Gerichtssaal jemanden erkenne, zögert sie, schaut sich unsicher um: „Man verfolgte jede Bewegung der Gestapoleute mit ängstlicher Erwartung. Meist stand man mit dem Gesicht zur Wand, hatte verquollene, verweinte Augen. Ich bin nicht sicher, ob ich einen Schmidt, Müller oder Klemm heute noch erkennen kann, aber ihre Beschimpfungen, Schläge und die durch sie ins Nichts geführten Menschenschicksale haben sich mir eingeprägt und ebenso ihre Namen.“ Auch wer ihre Nachbarn waren in dem „Judenhaus“,

*Die Zeugin Ilse Sabarstinski.*

ebenfalls einer Gestapoerfindung, dazu bestimmt, die Opfer schon durch den Wohnsitz zu brandmarken, sie aller ihrer Habe zu berauben und für den längst geplanten Abtransport Richtung Gaskammer zusammenzuhalten – auch wer ihre Nachbarn im Vorhof der Hölle waren, weiß die Zeugin noch anzugeben: „Da war der Hirsch, Gerhard" (auch ihn wird das Gericht noch anhören), „dann waren da Spaniers, Kornblums, Professor Klemperer . . ."

Hier ein Zitat von Victor Klemperer aus seinem Erlebnisbericht „LTI": „Mein Nebenmann auf dem Vorderperron sieht mich scharf an und sagt leise, aber im Befehlston an meinem Ohr: ‚Du steigst an der Haltestelle Bahnhof ab und kommst mit.' . . . ‚Ich will den mal flöhen', sagt mein Hundefänger zum Portier (der Gestapo – d. Verf.), ‚laß ihn hier mit dem Gesicht zur Wand stehen, bis ich ihn rufe.' Ich stehe also etwa eine Viertelstunde im Treppenhaus, das Gesicht an der Wand, und Vorübergehende werfen mir Schimpfwörter und Ratschläge zu, wie: ‚Häng dich doch endlich auf, Judenhund, worauf wartest du denn noch?' . . . Endlich heißt es: ‚raufkommen, aber fix . . . Laufschritt!' Ich öffne und bleibe vor dem nahen Schreibtisch stehen. Freundliche Anrede: ‚Du warst wohl noch nie hier oben? Wirklich nicht? Dein

Glück – hast noch viel zu lernen ... Auf zwei Schritt an den Tisch heran, Hände an die Hosennaht und stramm gemeldet: „Hier ist Jude Paul Israel Dreckvieh oder so.“ ... Was, Professor bist du? Mensch, du willst unsereinem was beibringen? Na für solche Unverschämtheit allein gehörste schon nach Theresienstadt ... Nein! Du bist ja noch lange nicht 65, da kommste nach Polen. Noch nicht 65 – und dabei so grün und so klapprig und so nach Luft schnappend! Gott, mußt du dich amüsiert haben in deinem Schlemmerleben, siehst aus wie 75! ... Wegtreten, dalli!‘“
(Victor Klemperer, LTI. Notizbuch eines Philologen, Leipzig 1966, S. 211.)
Kein Zweifel, der weltbekannte Wissenschaftler, der 1960 in Dresden verstorben ist, beschreibt an dieser Stelle seines „Notizbuches eines Philologen“ eine Begegnung mit Gestapokommissar Schmidt. Die örtlichen Umstände, einschließlich der Lage von Schmidts Dienstzimmer im Gestapogebäude Bismarckstraße, gegenüber dem Hauptbahnhof, sind exakt beschrieben. Das Buch wird auf Antrag der Verteidigung in die Beweisaufnahme einbezogen, lange Textpassagen werden verlesen. Rechtsanwalt Dr. Franz aus Berlin möchte damit nachweisen, daß der Angeklagte unter den Folterknechten, denen Menschen wie der schon damals als Verfasser sprachgeschichtlicher Werke bekannte Professor wehrlos ausgeliefert waren, nicht mal der Schlimmste war. Daran mag sogar etwas sein. Indessen gibt es auch Zeugen, die ihn als einen der schlimmsten Peiniger der Dresdner Juden charakterisieren.

Zu den Wenigen, die damals eine persönliche Begegnung mit Schmidt überlebt haben, gehört der schon genannte Gerhard Hirsch, heute Doktor der Rechtswissenschaft und Mitarbeiter der Kulturgutschutzkommission des Ministeriums für Kultur der DDR. Als einziger der damaligen Schmidt-Opfer ist er noch berufstätig. Als sein Name fällt, reagiert der Angeklagte in bezeichnender Weise: „Der Zeuge Dr. Hirsch ist mir bekannt, Hohes Gericht. Er ist Mischling ersten Grades.“ Diese Unverschämtheit läßt der Vorsitzende des Strafsenats ihm nicht durchgehen. Bezirksgerichtsdirektor Stranovsky: „Das war er mal nach Ihrem damaligen Sprachgebrauch!“ Darauf der Angeklagte, sehr betreten und beflissen: „Entschuldigen Sie, jawoll, nicht daß das falsch ausgelegt wird ... Ich werde mich befleißigen, andere Ausdrücke zu verwenden!“

Hat er sich wirklich nur versprochen? War das nur ein Lapsus linguae? Professor Klemperer, der seinen grausamen Erlebnisbericht mit einer wissenschaftlich sehr aufschlußreichen, kritischen Analyse des nazistischen Sprachgebrauchs oder vielmehr -mißbrauchs verbindet, meditiert in seinem „Notizbuch“ über das Schiller-Distichon: „Sprache, die für dich dichtet und denkt ...“ Denkt der sprachliche, der gei-

*Der Zeuge Dr. Gerhard Hirsch: „Den Namen Schmidt müssen wir uns für die Nachkriegszeit merken ...“*

stige Unflat in Henry Schmidt weiter, kann er sich deshalb nicht von den unheilbedeutenden „Fachausdrücken“ aus seiner Vergangenheit trennen?

Mit welcher Beklommenheit muß Dr. Hirsch hier seinem Peiniger, dem Mörder seines Vaters gegenübertreten? Schmidt bestellte diesen im Frühjahr 1943 zur Gestapo. Da er nicht wiederkam, ging die Mutter des Zeugen zu Schmidt. Ihr Mann habe den Judenstern verdeckt und komme deshalb ins KZ, erklärte ihr Schmidt. Darauf wagte sie sich buchstäblich in die Höhle des Löwen. Sie fuhr nach Berlin ins Reichssicherheitshauptamt und fragte sich zu dem zuständigen Mann durch, um ihn darauf hinzuweisen, daß ihr Mann Frontkämpfer gewesen und allen seinen Pflichten stets korrekt nachgekommen sei. Erstaunlicherweise lenkte selbst der hartgesottene Mann in der Zentrale der Gestapo, wo, wie Gerhard Hirsch in seiner Zeugenaussage einschätzte, „doch wahrlich keine Engel saßen“, ein und meinte mit einer wegwerfenden Bewegung: „Ach, der Schmidt in Dresden muß doch immer übertreiben ...“ Er stellte die baldige Entlassung des Ehemanns in Aussicht. So hat die Mutter des Zeugen ihm nach ihrer

Rückkehr die Geschichte ihres Vordringens ins Hauptquartier von Kaltenbrunner erzählt.

Der Zeuge sah seinen Vater erst nach Monaten wieder, als gebrochenen, tief verstörten Mann. Zu ihm konnte sein Vater sich über seine Erlebnisse in der Bismarckstraße nicht mehr äußern, aber die Mutter meinte später: „Den Namen Schmidt müssen wir uns für die Nachkriegszeit merken ..." Eigene Erfahrungen mit dem Kommissar standen dem Zeugen noch bevor. Ende Oktober 1944 wurde er von Schmidts Komplizen Klemm und Weser aus der Wohnung seiner Eltern im „Judenhaus" Zeughausstraße 1 abgeholt und zur Gestapo gebracht, wo er von Schmidts Stellvertreter Müller, den der Angeklagte im Prozeß als „väterlichen Freund" bezeichnete, mit Faustschlägen empfangen wurde, daß Mund und Nase bluteten und er ein paar Zähne verlor. „Damit du Schwein überhaupt weißt, wo du hier bist", brüllte der Judenmörder und trieb ihn mit Schlägen und Fußtritten in den ersten Stock des Gestapoquartiers.

„Er ging zuerst allein zu Schmidt und holte mich dann rein", setzte Dr. Hirsch seine Aussage fort. Man sieht es ihm an und an seiner Stimme hört man, daß ihm die Szene von damals bildhaft vor Augen steht. „Schmidt muß sich wohl an die Sache mit meinem Vater erinnert haben, denn er sagte: ‚Diesmal schafft deine Mutter es nicht, und wenn sie kommt, werfe ich sie die Treppe 'runter.' Das habe ich mir gemerkt, weil über den Schmidt soviel Grausamkeiten bekannt waren, daß ich glaubte, er würde es wirklich tun."

Vorsitzender: „Angeklagter, möchten Sie dazu etwas erklären oder eine Frage stellen?" – Schmidt: „Nein, ich habe nicht die Absicht." Diese und ähnliche Floskeln hört man von ihm immer wieder, manchmal ergänzt um allgemeine Redensarten über sein „tiefes Bedauern". Tut ihm wirklich etwas leid?

In einer Meinungsäußerung von Bergarbeitern des Mansfeld-Kombinates „Wilhelm Pieck" zu diesem Prozeß heißt es: „Solche Massenmörder bedauern nur, daß sie doch noch erwischt worden sind." Sie erinnern daran, daß auch die berüchtigte KZ-Kommandeuse Erna Dorn Reue und Bedauern bekundete, als sie im Mai 1953 vor ihren Richtern stand. Nachdem es ihr am 17. Juni 1953 jedoch gelungen war, aus dem Gefängnis zu entweichen, stellte sie sich an die Spitze solcher Elemente, die versuchten, den Faschismus wieder zu errichten. (Freiheit [Halle] vom 23. Juni 1953.)

# Der Fall Horst Weigmann

*Der falsche und der echte Kommissar Schmidt. Eine „verständliche Aggression"? Wie ein tapferer Junge sein Leben verlor.*

Zu einem erschütternden Erlebnis wird die Aussage von Eva Zakowsky. Sie lebte damals in Wien, war aber nach Dresden gekommen, um ihrer jüdischen Mutter und ihrem 20jährigen Bruder Horst beizustehen. Viele Einzelheiten des Geschehens hat sie später von ihrer Mutter erfahren, die der Tochter einen leidenschaftlich bewegten Erlebnisbericht hinterlassen hat.

Hier wird ein Denkmal errichtet für einen tapferen jungen Menschen, der nicht Opfer sein wollte, sondern mutig und phantasievoll versucht hat, Widerstand zu leisten.

Evas und Horsts Mutter, Toni Weigmann, hatte zunächst in einer sogenannten „privilegierten" Mischehe mit einem „Arier" gelebt. Aber kaum war die Ehe durch den Druck der Gestapo zerbrochen, setzte Schmidt ihren Namen zusammen mit denen von 36 anderen Leidensgefährten auf die Deportationsliste. Im Morgengrauen des 8. Januar 1944 schickte er seine Häscher aus, Gestapoleute und Polizisten. Sie nahmen die nicht mehr „Privilegierten" fest, so auch Toni Weigmann. Ihr Sohn Horst hat sie auf dem schweren Weg zum Gefängnis in der Schießgasse begleitet.

Als er in die Wohnung zurückkam, hatte er einen mutigen, lebensgefährlichen Plan gefaßt, den er einer Nachbarin anvertraute. Von ihr hat Eva Zakowsky später alles erfahren. Er wollte seine Mutter aus dem Gefängnis befreien und sich mit ihr nach Wien, zu Eva durchschlagen. Dabei wollte er sich des Namens des berüchtigten Kommissars Schmidt bedienen. Aus einer Blech-Zigarettenschachtel, die Eva Zakowsky später gefunden hat, schnitt er sich ein Oval in der Größe einer Dienstmarke der Gestapo.

Er habe sich, wie der Zeugin Zakowsky berichtet wurde, einen Staubmantel angezogen, die Hutkrempe tief ins Gesicht gedrückt und zum Gefängnis in der Schießgasse begeben.

Als Frau Zakowsky das erfahren hatte, kehrte sie zwischen Furcht

*Foto von Horst Weigmann, das er der Mutter ins Gefängnis mitgab. Auf der Rückseite Worte an die Mutter, für die er sein Leben wagte und verlor.*

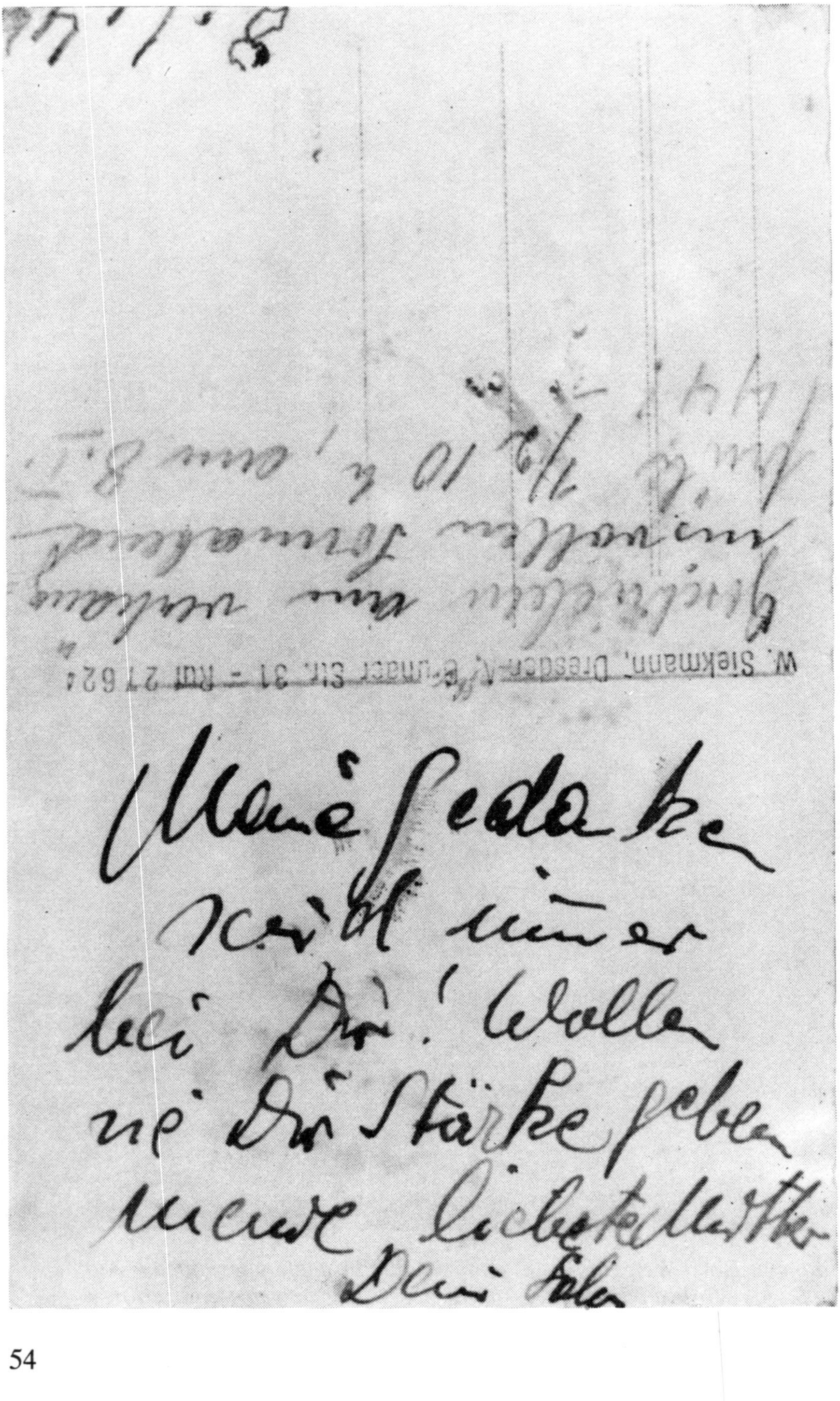
Meine Gedanken
sind immer
bei Dir! Wollen
wir Dir Stärke geben
meine liebste Mutter
Dein Sohn

um ihre Angehörigen und leiser Hoffnung auf Rettung nach Wien zurück. „Nach einer Woche rief mich unser Vater aus München an und teilte mir mit, daß mein Bruder tot war." Zu diesem Vorkommnis wird auch der Angeklagte vernommen. Er erinnert sich sofort und bestreitet nichts: „Es kann gegen 17.00, 18.00 Uhr gewesen sein, da rief mich ein Beamter meiner Dienststelle zu Hause an, fragte baß erstaunt, ob ich denn nicht im Polizeigefängnis sei. Er teilte mir mit, daß dort ein Kommissar Schmidt aufgetaucht sei und alle Personen, die an diesem Tage festgenommen worden waren, wieder entlassen wollte. Ich bin sofort mit der Straßenbahn ins Polizeigefängnis gefahren und mußte dort feststellen, daß ein gewisser Horst Weigmann, der sich mit einer ovalen Marke ausgewiesen hatte, seine für den Transport in den Osten bestimmte Mutter herausholen wollte. Weigmann war Mischling ersten Grades. Er war so überzeugend aufgetreten, daß man die Frau und einige andere Häftlinge schon aus ihren Zellen geholt hatte. Sie standen im Dienstraum zur Entlassung bereit. Aufgrund seines Verhaltens ist es dann natürlich zu Auseinandersetzungen mit dem Weigmann gekommen."

Vorsitzender: „Was verstehen Sie darunter?" Angeklagter: „Er ist dort entsprechend mit Schlägen usw. behandelt worden. Ich selbst habe mich auch daran beteiligt, das bestreite ich nicht. Man muß sich mal vorstellen: Wenn es ihm gelungen wäre, unter meinem Namen die Juden zu befreien, hätte ich ja ganz erhebliche dienstliche Nachteile haben können. Natürlich hat das bei mir auch bestimmte Aggressionen ausgelöst. Er hat von mir ein paar Ohrfeigen und Fußtritte bekommen und ist dann in eine Zelle eingesperrt worden."

Wahrhaftig, das sagt er in einem Ton, als rechne er beim Gericht und bei den Zuhörern auf „Verständnis" für seine „Aggressionen", eine „verständliche menschliche Schwäche ..." Ihm ging es um seine Karriere. Er hätte dienstlichen Ärger kriegen können ... Dafür haben er und seine Untergebenen den 20jährigen in jener Nacht totgeschlagen oder ihn durch fortgesetzte schwere Mißhandlungen zum Selbstmord getrieben, was kaum einen Unterschied macht. Am nächsten Morgen lag er tot in der Zelle. Seine Mutter wußte noch nicht, was geschehen war. Sie wurde zu Schmidt und seinem Freund Müller geholt, die ihr einen zusammengefalteten Zettel gaben. Lesen durfte sie ihn erst, als sie ihn unterschrieben hatte. Mit Entsetzen sah sie, worum es sich handelte: ein Einäscherungsantrag für ihren Sohn Horst. Als sie daraufhin zusammenbrach, sagte einer der beiden Gestapoleute: „Spiel hier kein Theater!" Offenbar hielten die beiden Erznazis, für die Juden ja keine Menschen waren, sie deshalb keines menschlichen Gefühls für fähig. Und wie sieht es damit beim Angeklagten aus, einem rassestolzen „Arier"? Er gibt alles zu, aber man hat nicht den Ein-

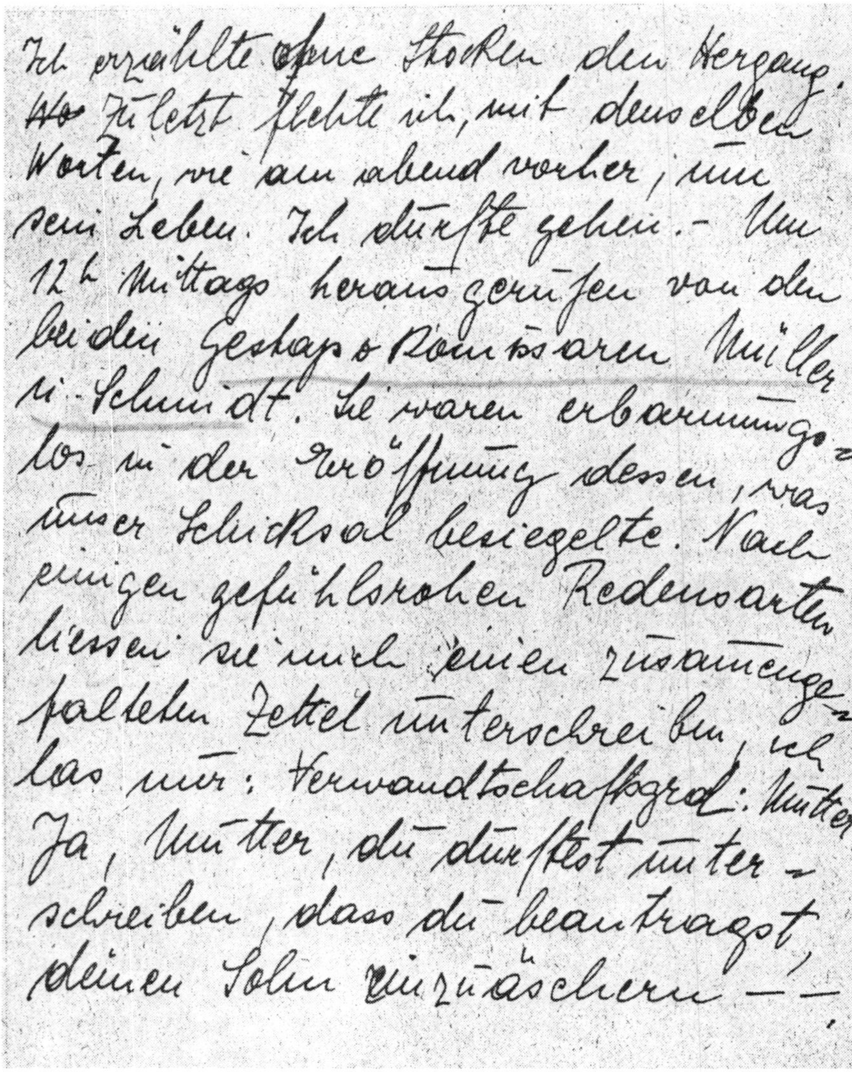
Ich erzählte ohne Stocken den Hergang.
~~Wo~~ Zuletzt flehte ich, mit denselben
Worten, wie am abend vorher, um
sein Leben. Ich durfte gehen. – Um
12 h Mittags herausgerufen von den
beiden Gestapo-Kommissaren Müller
u. Schmidt. Sie waren erbarmungs-
los in der Eröffnung dessen, was
unser Schicksal besiegelte. Nach
einigen gefühlsrohen Redensarten
liessen sie mich einen zusammenge-
falteten Zettel unterschreiben, ich
las nur: Verwandtschaftsgrad: Mutter.
Ja, Mutter, du darfst unter-
schreiben, dass du beantragst,
deinen Sohn einzuäschern – –.

*Aus dem Erlebnisbericht von Toni Weigmann.*

druck, daß die Angelegenheit ihm peinlich wäre. Der Staatsanwalt: „Angeklagter Schmidt, mehrfach haben Sie betont, in der Dresdner Gestapo ein ‚kleines Rädchen' gewesen zu sein." Angeklagter: „Das stimmt ja auch." Staatsanwalt: „Erklären Sie bitte dem Gericht, weshalb mag sich Horst Weigmann bei seinem Befreiungsversuch ausgerechnet als ‚Kommissar Schmidt' ausgegeben haben! Weshalb haben die Polizeibeamten im Gefängnis ihm anfänglich, trotz der Zigarettenschachtel-,Dienstmarke' Gehorsam geleistet und sogar damit begonnen, die Gefangenen aus den Zellen zu holen!" Keine Antwort. Schmidt, das „kleine Rädchen", schweigt. Das ist auch eine Antwort.

Frau Weigmann, die Mutter des jungen Patrioten, schickte Schmidt nach Theresienstadt. Sie gehörte zu den wenigen Häftlingen, die noch am Leben waren, als die Panzer der Sowjetarmee den Ort des Schrekkens erreichten. Nach der Befreiung kehrte sie nach Dresden zurück und hat mit ihrer Tochter, der Zeugin Zakowsky, oftmals über die schrecklichen Ereignisse gesprochen. Ihr hat sie, wie erwähnt, auch eine ausführliche schriftliche Aufzeichnung hinterlassen. Sie selbst kann nicht mehr gehört werden. Kurze Zeit nach ihrer Rückkehr ist sie als nachträgliches Opfer des faschistischen Rassenwahns an den Folgen der Haft verstorben.

# Nächtlicher Tod im Polizeigefängnis

*Professor Conradi und die Sache mit dem „Geburtstagsessen". Wie kamen die Gestapohäftlinge in die Schlinge? Kriminalkommissar Schmidt ist nicht zuständig . . .*

Ähnlich wie Horst Weigmann kamen auch andere bis dahin gesunde Gestapohäftlinge buchstäblich über Nacht auf nie geklärte Weise zu Tode. Zu ihnen gehörte der schon mehrfach erwähnte Mediziner Professor Conradi, früher Leiter des Hygienischen Institutes der Technischen Hochschule. Irgendein Achtgroschenjunge hatte ihn bezichtigt, den Judenstern verdeckt zu haben. Schmidt ließ ihn ins Polizeigefängnis bringen und dort „nach Art des Hauses" vernehmen. Am nächsten Morgen war er tot. Dann waren da zwei jüdische Zwangsarbeiter, der 44jährige Fritz Meinhard und der 55jährige Artur Juliusberger. Einer beklagte sich über den ungenießbaren Fraß, der den Leuten in der „Judenabteilung" des Betriebes bei härtester Arbeit angeboten wurde. Ob denn das ein richtiges „Geburtstagsessen" sei, fragte er scherzhaft (daß die jüdischen Opfer selbst unter diesen Lebens- oder Sterbeumständen der Humor nicht vollends verlassen hatte, kann man bei Klemperer nachlesen). Man schrieb den 20. April, „Führers" Geburtstag. Schmidt ließ den Mann einsperren, einen zweiten, der den bitteren Witz gehört hatte, ohne auf der Stelle Meldung zu machen, gleich dazu. Beide fand man morgens erhängt. Der Angeklagte, nach den näheren Umständen befragt, erklärte sich für ahnungslos. Für die Ermittlung der Todesursachen sei er ja nicht zuständig gewesen.

Hier greift Staatsanwalt Horst Busse ein: „Sie fühlten sich nicht zuständig, weil es ja kein Gestapo-, sondern ein Polizeigefängnis war. Habe ich Sie da richtig verstanden?" Schmidt: „Jawohl. Die Ermittlung von Todesursachen war ja nach meiner Kenntnis Sache der Kriminalpolizei." Der Staatsanwalt, bei der Befragung von Schmidt zum ersten Mal deutlich ungehalten: „Nun überlegen Sie vielleicht aber erstmal, ehe Sie antworten! Das waren Gefangene der Gestapo, nicht der Polizei. Man findet sie nach Vernehmungen durch die Gestapo beide tot, beide um 6.00 Uhr früh. Und jetzt soll das plötzlich eine andere Stelle untersuchen? Wem wollen Sie das denn weismachen, Angeklagter, daß die Gestapo andere da auch nur von ferne herangelassen hätte? Das wäre ja in der Geschichte der Naziverbrechen einmalig!“ Da aber sieht Schmidt die Stunde gekommen, in der er seine kriminalistischen Fachkenntnisse zeigen kann. „Schon während der Ausbildung zum Kriminalassistenten hatte ich eine erkennungsdienstliche Ausbildung für die Behandlung von Leichensachen, Todesursachen usw. durchlaufen. Das ist alles Aufgabe der Kriminalpolizei. Und daran hat sich während meiner ganzen Dienstzeit nichts geändert, Herr Staatsanwalt.“ Staatsanwalt Busse: „Wissen Sie, wir wollen uns jetzt wirklich nicht darüber streiten, was alles zu Ihrer Ausbildung zum Kriminalbeamten gehört hat. Da haben Sie bestimmt nicht gelernt, daß es erlaubt ist, Menschen totzuschlagen und zu mißhandeln!“

# Zwei alte Frauen auf einer Bank im Großen Garten . . .

*Schmidt zwingt die Israelitische Religionsgemeinde, ihre Mitglieder und Leidensgefährten zu denunzieren und auszuliefern. Der Jude hat immer unrecht.*

Unvorstellbar ist, in welchem Maße den jüdischen Bürgern Dresdens die bescheidensten Lebensrechte genommen, wie sie durch Polizeiverordnungen schikaniert wurden. Sie durften kein Kino besuchen, weder Zeitung noch Bücher lesen, kein Radio besitzen, kein Eis essen. Ihnen war es verboten, vor Geschäften „Schlange zu stehen", und Haarschneidemaschinen und Kämme hatten sie abzuliefern. Auch mit der Straßenbahn durften sie nicht fahren – bis auf wenige mit einem viele Kilometer langen Weg zur Zwangsarbeitsstätte. Das waren die „Fahrjuden", während die anderen sich untereinander als „Laufjuden" bezeichneten; wiederum nach Klemperer, „LTI". Selbst Kinder, die den Stern trugen, durften ihre „Judenhäuser" täglich nur für wenige Stunden verlassen, um ihre Hungerration einzukaufen.

Um diese unmenschlichen Verbote rigoros durchzusetzen, bediente die Gestapo sich auch in Dresden wie zum Hohne der von ihr geschaffenen, überwachten und zum Schluß wie alle anderen liquidierten Organisationen der Opfer, die damit gewissermaßen ihr eigenes Grab schaufeln mußten.

Wirklich, da werden „sachdienliche Angaben" zur „Ermittlung" der bedauernswerten Frauen gefordert. Die Handschrift verrät den wahren Verfasser – schließlich ist Schmidt gelernter Kriminalbeamter und hält sich darauf etwas zugute. Man kann nur hoffen, daß der perfide Aufruf damals ergebnislos geblieben ist. Der Angeklagte muß einräumen, was geschah, wenn eine Denunziation oder eine durch panische Angst motivierte Selbstanzeige auf seinen Schreibtisch kam: „Es ist durchaus möglich, daß diese Information durch ein Mitglied der NSDAP oder einen anderen Gewährsmann zu uns gekommen ist. Da wir keinerlei weitere Anhaltspunkte hatten, ist dann die Israelitische Religionsgemeinde von uns angewiesen worden, sich in dieser Weise an der Fahndung zu beteiligen, das stelle ich nicht in Abrede." Vorsitzender: „Und was geschah in solchen und anderen Fällen dann wei-

49/42

Israelitische Religionsgemeinde zu Dresden
e.V.

Dresden, den 24.4.1942

An alle J u d e n,

die zum Tragen des Kennzeichens verpflichtet sind.

Wir haben Veranlassung, darauf hinzuweisen, dass Juden es u n b e d i n g t vermeiden müssen, vor Geschäften Schlange zu stehen.

Der Vorstand
der Israelitischen Religionsgemeinde zu
Dresden e.V.
gez. Kurt Israel Hirschel

50/42

Israelitische Religionsgemeinde zu Dresden e.V.

Dresden, den 24.4. 1942

U m g e h e n d

sind im Gemeindebüro, Kartenstelle, abzuliefern:

Haarschneidemaschinen, (Hand- u. elektr.Betrieb)

Haarschneidescheren,

Haarkämme, ungebraucht.

An den Gegenständen sind Namensschilder anzubringen!

Der Vorstand
der Israelitischen Religionsgemeinde zu Dresden
e.V.
gez. Kurt Israel Hirschel

*Mitteilungen an eine Großmutter mit Auflagen für ihren jüdischen Enkel:*

A b s c h r i f t

Dr. Ernst Israel Neumark
Dresden A 1 Dresden, den 8. Mai 1944 N/J.

Frau
Selma Kreis

Dresden N 23
Konkordienstr. 26

Sehr geehrte Frau Kreis!

Vereinbarungsgemäss teile ich Ihnen nachstehend nochmals die für Ihr Enkelkind Hans Joachim Israel Kreis bestehenden Verpflichtungen und Beschränkungen mit, über die ich Sie bereits bei Ihrem Besuch vom 6. d. M. mündlich unterrichtet habe.

1.) Die Benutzung öffentlicher Verkehrsmittel, so Strassenbahn, Kraftomnibusse, Autodroschken usw. ist verboten.

2.) An der Wohnungstür ist ein Judenstern anzubringen, der bei mir erhältlich ist. Ich hatte Ihnen zugesagt, nochmals mit dem Herrn Beauftragten der Kreisleitung der NSDAP Dresden darüber Rücksprache zu nehmen, ob Sie von dieser Verpflichtung freigestellt werden können.

3.) Sie müssen für Ihr Enkelkind unverzüglich bei der zuständigen Polizeiwache die Ausstellung einer Kennkarte beantragen.

4.) Ihr Enkelkind hat den zusätzlichen Vornamen "Israel" im Rechts- u. Geschäftsverkehr zu führen.
Sie müssen für Ihr Enkelkind dem Standesbeamten, bei welchem die Geburt beurkundet worden ist, sowie dem Polizeipräsidenten zu Dresden schriftlich anzeigen, dass Ihr Enkelkind den zusätzlichen Vornamen "Israel" führt. Diese Anzeige muss unverzüglich erfolgen. (Innerhalb eines Monats, seit dem Zeitpunkt, von dem an etwa Ihr Enkelkind den zusätzlichen Vornamen führen muss.)

5.) Bei allen Eingaben an Behörden, die für Ihren Enkelsohn gemacht werden, muss die Kennkartennummer und der Kennort angegeben werden.

6.) Beim persönlichen Erscheinen vor Behörden muss die Kennkarte unaufgefordert vorgezeigt werden.

7.) Ihr Enkelsohn ist in der Verfügung über sein Vermögen beschränkt. Die Einzelheiten brauche ich Ihnen zurzeit nicht mitzuteilen, da derselbe nach Ihren Angaben keinerlei Vermögen besitzt. Es darf aber auch nicht über die Vermögenswerte, die nicht in Geld bestehen, so Kleidung, Mobilar ohne Genehmigung verfügt werden.

8.) Zum Einkaufen ist Ihr Enkelsohn nur in der Zeit von 15 - 16 Uhr, sonnabends von 12 - 13 Uhr berechtigt.

9.) Der Besuch von Kinos und allen kulturellen Veranstaltungen (Konzerte, Vorträge, Theater usw.) ist verboten.
10.) Das Betreten des Grossen Gartens, des Palaisgartens, der Anlagen an der Elbe, sämtlicher öffentlichen Gartenanlagen, der Brühlschen Terrasse, der Karcherallee, der Stübelallee, der Lennéstr., der Tiergartenstr., der Parkstr. und der Bürgerwiese ist verboten.
11.) Der Judenstern muss auf dem obersten Kleidungsstück, linke Brustseite in Herzhöhe in jeglicher Öffentlichkeit sichtbar getragen werden, z. B. auch im Luftschutzkeller.

12.) Das Verlassen des Stadtgebietes ist ohne polizeiliche Genehmigung nicht zulässig.
13.) Eingaben an Behörden dürfen für Ihr Enkelkind nur nach vorherriger Einholung der Genehmigung der Reichsvereinigung der Juden in Deutschland gemacht werden.
14.) Die Benutzung öffentlicher Fernsprechzellen ist verboten.
15.) Verboten ist das Halten und Kaufen von Zeitungen und Zeitschriften sowie der Erwerb von Büchern.
16.) Verboten ist der Kauf von Blumen.
17.) Die Inanspruchnahme von Handwerkern, so Friseuren, Schuhmachern usw. ist verboten. Es steht, wie ich Ihnen bereits gesagt habe, ein jüdischer Schuhmacher und Friseur zur Verfügung.
18.) Verboten ist das Betreten der Markthallen sowie das Kaufen von Speiseeis.

Hochachtungsvoll!
Der Vertrauensmann

der Reichsvereinigung der Juden in Deutschland für den Bezirk Dresden

Dr. Ernst Israel Neumark

Israelitische Religionsgemeinde zu Dresden e.V.

63/42. Dresden, den 15. Juni 1942,
Zeughausstr. 3.

An alle J u d e n ,
die zum Tragen des Kennzeichens verpflichtet sind.

Nach Mitteilung der örtlich zuständigen Aufsichtsbehörde sind im Laufe der letzten 3 Wochen an einem Tage

2 ältere jüdische Frauen mit Stern
auf einer Bank in der Herkules-Allee im
Grossen Garten
sitzend gesehen worden.

Wir erwarten im Interesse der Allgemeinheit und zur Vermeidung weiterer Massnahmen, dass diese beiden Frauen sich unbedingt s o f o r t bei der Israelitischen Religionsgemeinde, Zeughausstr. 3 melden.

Wir fordern alle Juden auf, uns sachdienliche Mitteilungen, die zur Ermittelung der Betreffenden führen können, zu machen.

Der Vorstand
der Israelitischen Religionsgemeinde
zu Dresden e.V.

gez. Kurt Israel Hirschel

ter?" Angeklagter: „Die Vorgänge sind zunächst mal den ordentlichen Weg gegangen, registriert worden, in unserer Kartei ist geprüft worden, ob der Betreffende schon mal staatspolizeilich in Erscheinung getreten ist. Dann war zu entscheiden, ob die Leute vorzuladen oder in ihrer Wohnung bzw. am Arbeitsplatz festzunehmen, ins Polizeigefängnis zu bringen oder gleich hier zu vernehmen waren." – „Wie gingen solche Vernehmungen denn nun vor sich? Haben alle, die Sie vorgeladen haben, gleich zugegeben, daß das so stimmt, was ihnen vorgeworfen wurde?" – „Nein." – „Und was ist passiert, wenn jemand die Beschuldigung, z. B. im Großen Garten gesessen oder auch nur zur Wegabkürzung hindurchgegangen zu sein, in Abrede gestellt hat?" – „Dann ist es natürlich (!) auch zu Tätlichkeiten seitens meiner Beamten gekommen, wobei ich mich selbst nicht ausschließe ..." – „Es ist also geschlagen worden?" – „Ja." – „Wie und womit?" – „Das weiß ich nur, soweit ich mich daran beteiligt habe." – „Und womit haben **Sie** geschlagen?" – „Mit der Hand und mit der Faust." – „Nicht mit Gegenständen?" – „Ich habe über keinerlei Schlagwerkzeuge verfügt." Auch dafür hat er eine Erklärung parat. Er habe schließlich Boxsport betrieben und sei daher trainiert gewesen.

Zeugen berichten, daß Schmidt mit der scharfen Kante eines Lineals zugeschlagen hat, um ein „Geständnis" zu erpressen. Der Vorsitzende fragt weiter: „Haben Sie Häftlinge mit den Stiefeln getreten?" – „Wie ich schon sagte, gehörte zu meiner Uniform eine sogenannte ‚Überfallhose', und dazu trug man gar keine Stiefel, sondern Schnürschuhe." Bezirksgerichtsdirektor Stranovsky: „Dann frage ich anders: Haben Sie mit den Füßen getreten?" Schmidt ohne jedes Zögern und ohne Scham: „Ja."

Trotz dieser Verhörmethoden der Gestapo blieben manche Opfer standhaft. Sie wußten, was ihnen bei einem Geständnis bei Schmidt bevorstand, mochte es auch noch so fadenscheinig sein. Der Vorsitzende vergewissert sich: „Wie war es nun, wenn Aussage gegen Aussage stand?" – „Dann haben wir natürlich nicht dem Juden geglaubt, sondern dem Deutschen ..." Ohne Zögern bringt er diese schrecklichen Worte über seine Lippen. Noch vier Jahrzehnte danach sind für den Herrenmenschen von einst die jüdischen Einwohner von Dresden keine Deutschen.

„Das beweist erneut, daß er der alte geblieben ist", schrieb eine Zuhörerin aus dem Prozeß, selbst eine von der Gestapo Verfolgte, an den Staatsanwalt. Wer könnte sie widerlegen.

Wer zugab oder wen Schmidt für überführt hielt, eine der zahllosen schikanösen Polizeiverordnungen übertreten zu haben, dessen Schicksal war besiegelt. Schmidt beantragte einen „Schutzhaftbefehl", und das hieß: Einlieferung ins KZ, Reise ohne Wiederkehr.

Eine damals zur Dresdner Gestapo zwangsverpflichtete Schreibkraft, vom Untersuchungsorgan zu Schmidt befragt, hatte ihn als brutalen und gefürchteten Menschen in Erinnerung. Das kann im Ergebnis des Gerichtsverfahrens niemand mehr bestreiten. Eine weitere Aussage von ihr, daß Schmidt die jüdischen Opfer auch mit einer Reitpeitsche geschlagen habe, konnte nicht mit Sicherheit bewiesen werden, da keine weiteren Beweise dafür vorlagen. Ein Jude aus Dresden, der seiner Schwester in einem Brief mitgeteilt hatte, daß Schmidt ihn mit „auspeitschen" bedroht habe, konnte nicht mehr als Zeuge geladen werden, da er inzwischen verstorben war.

Auch für Leute wie den Gestapokommissar, die ihre Macht brutal und rücksichtslos ausgeübt haben, gilt vor einem Gericht der DDR der Rechtsgrundsatz „in dubio pro reo", „im Zweifel zugunsten des Angeklagten". Schmidts Schuld wird dadurch nicht geringer.

# Lieber ins Wasser als zu Gestapo-Schmidt

*Selbstmord vor den Augen der Nichte. Der erschütternde Bericht der Elisa Karlowa.*

Die Zeugin ist heute 80. Für Schmidt gehörte sie zu der Kategorie, die er nach den Definitionen des Herrn Globke als „Mischling ersten Grades“ bezeichnet. Als sie erlebte, worüber sie heute Zeugnis ablegt, war sie eine schöne junge Frau von Mitte 20. Man fragt sich, woher sie die Kraft nahm, das alles durchzustehen. Und man ahnt, was es für sie bedeutet, dem Mann gegenüberzutreten, der das alles auf seinem Gewissen hat – wenn er ein Gewissen hat.

„Meine Tante Wanda Kohn hatte für den 23. 1. den Deportationsbefehl erhalten. 4 Tage vorher suchte sie den Freitod.“ Vorsitzender: „Auf welche Weise?“ – „Sie ist ins Wasser gegangen, vor meinen Augen und mit meinem Einverständnis. In der 6. Stunde habe ich sie hinunter an die Elbe begleitet.“ Der Verteidiger fragt behutsam und zurückhaltend. Wer je miterlebt hat, wie Anwälte der Nazis – oft selbst mit brauner Vergangenheit – in ähnlichen Prozessen in der BRD den Zeugen zusetzen, wie sie die Torturen von einst wiederholen, um die Glaubwürdigkeit der einstigen Opfer zu erschüttern und die einstigen Täter reinzuwaschen – wer das je miterlebt hat, der erkennt auch in dem stets ernsthaften, engagierten, aber auch einfühlsamen und verantwortungsbewußten Auftreten des Verteidigers Rechtsanwalt Dr. Franz, welche Welten zwischen diesen beiden Rechtsordnungen liegen.

Verteidiger mit verhaltener Stimme: „Frau Karlowa, ich weiß nur zu gut, daß meine Fragen Sie belasten. Ich muß trotzdem fragen.“ Die Zeugin mit erstaunlicher Fassung: „Fragen Sie nur!“ Der Verteidiger möchte sich vergewissern, ob wirklich von Schmidt die Rede ist, ob nicht nach der langen Zeit und den schweren Erlebnissen der inzwischen ja betagten Frau eine Verwechslung denkbar wäre. Verteidiger: „Frau Zeugin, Sie sind dem Angeklagten damals mehrfach begegnet. Warum sind Sie so sicher, daß es Schmidt war, der Ihnen gegenüberstand? Können Sie das bitte nochmal erläutern?“ Zeugin: „Die Na-

*Die Zeugin Elisa Karlowa legt dem Gericht Beweisgegenstände vor, darunter die Kennkarte ihrer Mutter und das Original eines „Judensterns“.*

men waren uns ja alle bekannt. Clemens war uns bekannt, Schmidt tauchte dann 1942 auf." Verteidiger: „Verbanden Sie mit diesen von Ihnen gehaßten Namen eine bestimmte Vorstellung, so daß Sie den Mann sofort erkennen konnten?" Zeugin (sehr entschieden): „Oh ja. Es war dann ja immer derselbe, der mir gegenüberstand. Immer derselbe. Seit 1942 war er ja der Leiter dort." Verteidiger: „Was leitete er denn nach Ihrem damaligen Erkenntnisstand?" Zeugin (ohne jedes Zögern): „Na, das Judenreferat. Das Referat für die Endlösung der Judenfrage!"

Die schreckliche Bedeutung dieses Begriffes will der Angeklagte, der unter Eichmanns Leitung emsig bemüht war, „endzulösen" – und fast wäre es ihm in Dresden gelungen –, diese Bedeutung will er nicht gekannt haben, von der Existenz der Gaskammern in Auschwitz, Majdanek und Treblinka hat er angeblich erst in Sendungen des Londoner Rundfunks gehört. Allein die Behauptung, jemand (und noch dazu ein Jude!) habe einen „Feindsender" gehört, war ihm aber Grund genug, Menschen per „Schutzhaftbefehl" in eben diese Gaskammern zu befördern. Die Zeugin mußte sich nach dem Tod ihrer Tante zweimal wöchentlich, jeden Dienstag und Freitag, auf der Gestapo melden, wurde beschimpft und geschlagen. Auch daran hat Schmidt teilgenommen. Frau Karlowa erinnert sich daran, daß ihr einmal gesagt wurde: „Deine Mutter ist eine Judensau, euch Juden werden wir alle ausrotten. Du hast auf der Welt nichts mehr zu suchen." Wie sollte Elisa Karlowa den Mann, der ihr das angetan hat, jemals vergessen . . .

Der Ausweg aus der Ausweglosigkeit, der einzige Fluchtweg, den Elisa Karlowas Tante im Einverständnis mit ihr einschlug, wurde im Laufe der Schmidtschen Schreckensherrschaft in Dresden für immer mehr Menschen zur letzten Möglichkeit, den Quälereien zu entrinnen. Klemperer beschreibt, daß sich in den Judenhäusern fast täglich neue Selbstmorde von Leidensgefährten herumsprachen. Einer der es wissen mußte, Carl Jacobi, in dieser Zeit Verwalter des jüdischen Friedhofes, schätzte die Zahl der Selbstmorde jüdischer Menschen mit 350. Aus Aufzeichnungen aus seiner Hinterlassenschaft geht hervor, daß er auf Anweisung des Schmidtschen Judenreferates auch mehrfach Leichen aus dem Gefängnis abholen mußte.

Der Gestapo waren diese Verzweiflungstaten nicht unlieb. Zu Horst Weigmanns Mutter hatte Schmidt gesagt: „Es war anständig von deinem Judenstämmling, daß er sich selbst aufgehängt hat. Sonst hätten wir das tun müssen."

Die damals knapp 20jährige, aus Ungarn stammende, mit einem Dresdner verheiratete Iren Henniger berichtet, daß ihr Mann von der Gestapo immer wieder zur Scheidung gedrängt worden sei. Aber er hat immer nur gefragt, ob der Gestapomann sich denn wohl von seiner

*Die Zeugin Iren Henniger: „Wenn ich dich Schmidt vorführe..., dann wird dir Hören und Sehen vergehen."*

Frau, der Mutter seiner Kinder, scheiden lassen würde. Da hat dieser ihn angeschrien, wie er es wagen könne, eine Jüdin mit seiner – des Gestapobüttels – arischen Frau zu vergleichen. „Mein Mann hat aber nur wiederholt, er werde sich nicht scheiden lassen. Antwort: Na gut, dann werden wir dafür Sorge tragen." Kurz darauf, im November 1943, wurde die Zeugin an ihrem Zwangsarbeitsplatz, einer Kartonagefabrik in der Leipziger Straße, festgenommen. Auf der Elbbrücke hielt das Fahrzeug. „Sie wollten mich zwingen, in die Elbe zu springen. Ich habe gesagt: Das tue ich nicht. Ich habe doch einen Mann und ein Kind." Der Gestapomann antwortete: „Die siehst du ja sowieso nicht wieder. Die sind froh, wenn sie dich los sind." „Zum Glück waren Leute in der Nähe, sonst hätten sie mich noch von der Brücke gestoßen, und dann hätte es wieder ‚Selbstmord' geheißen. Als wir auf der Gestapo angekommen waren, ging es gleich los mit Schlägen, mit der Faust ins Gesicht und wo er nur hinkam. Ich war ein ‚Judenschwein' und eine ‚Judensau' und alles, bloß kein Mensch mehr. Dann sagte er: ‚Wenn ich dich Schmidt vorführe, kannst du erst was erleben, dann wird dir Hören und Sehen vergehen...!' Wie ich in das Zimmer gekommen bin, kam er schon von seinem Schreibtisch und schlug gleich auf mich ein, daß die Brille zu Boden fiel. Ich war so zugerichtet, daß ich meine Augen nur noch einen Spalt weit aufmachen konnte. Ich bin eine Judenhexe, die sich bloß einen arischen deutschen Mann kapern wollte, hat er zu mir gesagt. Ich bin dann mit einem Männertransport erst nach Theresienstadt und dann nach Birkenau gekommen und war dort schon auf dem sogenannten ‚letzten Revier'. Da kam die Sowjetarmee und hat uns befreit. Ich wurde an diesem Tag ein zweites Mal geboren."

Auch die Zeugin Johanna Krause war während der gesamten braunen Zeit schlimmsten Schikanen ausgesetzt. Wegen eines Zusammenstoßes mit SA-Leuten im Café Altmarkt wurde sie schon 1933 zum ersten Mal verhaftet. Sie selbst schilderte das als noch „recht harmlos". Schmidt hat sie erst später kennengelernt, nachdem sie den Kunstschmied und Kunstmaler Max Krause geheiratet hatte. Dieser erhielt dafür Berufsverbot, sie wurde wegen „Rassenschande" verfolgt und saß monatelang im Polizeigefängnis. Als schlimmste Zeit für ihren Mann, sich und viele Schicksalsgefährten bezeichnete sie die Jahre 1944/1945. Wiederholt wurde sie zur Gestapo vorgeladen, wo die Kriminalsekretäre Petri und Klemm sowie Obersekretär Müller – auch diese Namen werden immer wieder genannt – sie schlugen, traten und bespuckten.

Zeugin Krause: „Aber am schlimmsten war der Vorgesetzte der Genannten, der Kriminalkommissar Schmidt, der mich ebenfalls geschlagen hat, von vorn, von hinten. Er sah so nett aus und war in Wirklichkeit so rücksichtslos und brutal. Meinen Mann haben Schmidt und Klemm fast lahmgeschlagen, hat er mir nach 1945 berichtet."

Henry Schmidt war es auch, der Johanna Krause im Jahre 1944 in „Schutzhaft" nahm. Sie hat Konzentrationslager und Todesmarsch überlebt. Bei ihrer Befreiung glich sie einem Skelett, hatte Bauchtyphus und durch Kolbenhiebe der SS-Wächter verursachte Kopfwunden.

Ihre Mutter, Johanna Samel, auf Schmidts Befehl im Januar 1944 in das Ghetto Theresienstadt verschleppt, kam dort 6 Wochen später unter furchtbaren Qualen ums Leben. Der 71jährigen hatte man, wie Frau Krause später berichtet wurde, ein Bein amputiert. Unter den ortsüblichen Bedingungen des „Musterghettos": ohne Narkose.

# Die letzten hundert ...

*Wie die „Halbjüdin“ Elisa Karlowa durch die Bomben des 13. Februar gerettet wurde und Schmidt knapp um den „Ruhm“ kam, der erfolgreichste „Endlöser“ zu sein.*

Im Juli 1943 wurde die Zeugin Elisa Karlowa, wie Gerhard Hirsch „Mischling ersten Grades“, zur Gestapoleitstelle geladen. Sie erinnert sich, daß sie in einem Büroraum in der ersten oder zweiten Etage von Schmidt und Klemm geschlagen und getreten wurde. Wie schon von anderen Zeugen beschrieben, mußte sie mit dem Gesicht zur Wand stehen, wobei ihr ein schwerer Aschenbecher in den Rücken geworfen wurde. Klemm und Schmidt, die sich mit Namen anredeten, beschimpften die Zeugin unter anderem mit den Worten: „Deine Mutter ist eine Judensau, euch Juden muß man ausrotten.“ Fortan mußte sie sich wöchentlich zweimal bei der Gestapo melden und wurde zur Zwangsarbeit verpflichtet. Ihr war klar, daß die Gestapo bald auch die „Mischlinge“ deportieren würde. Später ist bekannt geworden, daß die Gestapo bereits Pläne zur Deportation und Vernichtung dieser Gruppe besaß. Sie auszuführen gelang ihr allerdings nicht mehr.

Von der Deportation ausgenommen waren zunächst auch noch diejenigen Juden, die in einer sogenannten privilegierten Mischehe lebten, jedenfalls solange es der Gestapo nicht gelang, die Ehe zu zerbrechen. Auch die Mutter der Zeugin gehörte dazu. Anfang des Jahres 1945 aber, als man in Dresden von fern schon das Dröhnen sowjetischer Geschütze hören konnte, wurde man in der Bismarckstraße noch geschäftiger als vorher. Geradezu unerträglich schien Schmidt und seinen Leuten der Gedanke zu sein, an der Vollstreckung ihres massenmörderischen Planes buchstäblich in letzter Minute gehindert zu werden. Wies doch ihre exakt geführte „Judenkartei“ noch 100 „unerledigte Fälle“ auf.

Die Mutter der Zeugin, Clothilde Karlowa, erhielt am 12. Februar den gefürchteten Befehl, sich am 16. zum Abtransport einzufinden. Andere bekamen ihn erst am Morgen des 13. Februar, als in England die Bombengeschwader schon startbereit waren. Aber das wußten weder die Gestapohergen noch ihre Opfer.

Dresden, den 12. Februar 1945. N/B.
Zeughausstr. 3 I Ruf-Nr.14002

Frau
Clothilde Sara K a r l o w a

D r e s d e n - A
Augsburgerstr. 69.

Auf Anweisung der vorgesetzten Dienststelle, der Geheimen Staatspolizei Dresden, fordere ich Sie auf, sich

Freitag den 16. Februar 1945 früh 6.45 Uhr

pünktlich im Grundstück Zeughausstrasse 1 Erdg. rechts einzufinden.

Sie haben damit zu rechnen, dass Sie ausserhalb Dresdens zum Arbeitseinsatz kommen.

Sie wollen am Freitag Ihr Gepäck und für 2-3 Tage Marschverpflegung mitbringen. Es darf 1 Koffer oder 1 Rucksack (nicht beides) mitgenommen werden. Grösse und Gewicht des Koffers oder Rucksacks dürfen die Maße eines Handgepäckstückes nicht übersteigen. Sie müssen damit rechnen, dass Sie das Gepäck eine grössere Strecke Weges selbst tragen müssen. Empfehlenswert ist es, an demselben den Namen des Besitzers anzubringen.

Mitzunehmen ist:
Vollständige Bekleidung, ordentliches Schuhwerk, Arbeitskleidung, 1 mal Bettwäsche, Decke (keine Daunen- oder Steppdecke!), Essgeschirr (Teller und Topf mit Löffel), Trinkbecher.

Nicht mitgenommen werden dürfen:
Wertpapiere, Devisen, Sparkassenbücher, Streichhölzer, Kerzen.

Ausser dem Koffer oder Rucksack dürfen Frauen eine Damenhandtasche normaler Grösse mit sich führen. Die Decke darf über dem Arm getragen werden.

Der Lebensmittelkartenbezug ist bei der zuständigen Stelle für den 18. Februar 1945 abzumelden; die Abmeldebescheinigung ist spätestens am Freitag früh bei mir abzugeben. Die jüdische Kartenstelle ist Dienstag den 13. Februar 1945 bis Donnerstag den 15. Februar 1945 von 7-16 Uhr geöffnet. Die restlichen Lebensmittelkarten sind hierbei abzuliefern.

Ich weise nachdrücklich darauf hin, dass dieser Aufforderung ungeachtet aller bestehenden Arbeitsverhältnisse <u>unbedingt</u> Folge zu leisten ist. Andernfalls sind staatspolizeiliche Massnahmen zu gewärtigen.

Ich bitte, mir den Empfang dieses Schreibens auf dem unteren Anhang desselben zu bestätigen.

Der Vertrauensmann
der Reichsvereinigung der Juden in Deutschland
für den Bezirk Dresden

Auch Professor Klemperer und Helmut Aris gehörten zu den wenigen, ihres „arischen" Ehepartners wegen bis dahin vom schlimmsten verschonten jüdischen Einwohnern Dresdens, die nun am 16. Februar auch noch abgetan werden sollten (vgl. Victor Klemperer, LTI, a. a. O., S. 315). Der Wissenschaftler vermutet sicherlich nicht unbegründet, daß dies unterwegs geschehen sollte, denn in Auschwitz drehten schon sowjetische Frontkameraleute unvergeßliche Schreckensszenen, die bald um die Welt gingen, und auch Terezín stand als Deportationsziel nicht mehr zur Verfügung; es war hoffnungslos überfüllt. Auf Schmidts letzter Transportliste standen 100 bis 110 Namen. Staatsanwalt Horst Busse später im Schlußvortrag: „Der Angeklagte hat damit sogar seinen Vorgesetzten Eichmann übertroffen. Dieser hatte das Ziel, 11 Millionen Juden auszurotten. Als das Nazireich zusammenstürzte, hatte er dieses Ziel erst zur Hälfte erreicht. Für Schmidt dagegen hätte es die Endlösung bedeutet, wenn am 16. Februar die letzten 100 Juden abtransportiert worden wären." Aber dazu kam es nicht mehr, denn vorher fiel Dresden in Schutt und Asche.

Zeugin Karlowa: „Die Dresdner mögen mir diese Worte verzeihen, aber uns hat der schwere Luftangriff das Leben gerettet." Dankbar spricht die Zeugin von dem Dresdner Arzt Dr. Bartolomäus. Nach dem Erhalt des Transportbefehls für den 16. Februar hat ihre Mutter, wie vorher schon ihre Tante (vgl. den Abschnitt „Lieber ins Wasser ...") versucht, der Deportation durch Selbstmord zu entgehen. Zum Glück mißlang dies. Die Zeugin bat den ihr von früher her bekannten Arzt zu Hilfe, der sich nachts in Frauenkleidern in das Judenhaus einschlich und sein eigenes Leben aufs Spiel setzte, um die Patientin zu retten. „Arischen" Ärzten war es ja verboten, Juden zu behandeln. Für diese waren nur die jüdischen „Krankenbehandler" da, aber die gab es schon nicht mehr in Dresden.

# Gestapo kaputt – aber Schmidt macht weiter

*„Werwölfe" in Dresdens Wäldern.*

Eine der Bomben, die in der Nacht vom 13. zum 14. Februar niedergingen, fand ein richtiges Ziel: Sie traf das Gestapogebäude am Hauptbahnhof und zerstörte es völlig. Zu Schmidts Ärger vernichtete sie sämtliche Unterlagen für den geplanten Abtransport der letzten 100 Dresdner Juden. Aber auch die Bahnhöfe und Gleisanlagen waren zerstört. So mußte der Kommissar nach dreijährigem Wirken sein Werk unvollendet zurücklassen. Zu seiner Freude waren aber auch seine Personalunterlagen verbrannt. Doch für ihn war noch keineswegs Schluß. Er nahm sich kaum die Zeit, zu Hause nach dem Rechten zu sehen. Das Haus Schlüterstraße 22 b, mit dessen „Eroberung" er seinen Feldzug gegen Dresdens Juden begonnen hatte, war unversehrt geblieben. Aber er betrat es nie wieder, nicht an jenem Tag und nicht an den folgenden, mehr als 40 Jahre lang. Und nicht nur, daß Henry Schmidt sich in Dresden nie wieder sehen ließ, er vermied es ängstlich, auch nur den Namen der Stadt zu nennen. Ihre Türme sah er erst wieder, als er jetzt „an den Ort seiner Taten" zurückgebracht wurde, wie die Alliierten es 1945 für alle Kriegsverbrecher und Verbrecher gegen die Menschlichkeit vorgesehen hatten.

Aber sein Weg bis in das sandsteingraue Justizgebäude in der Lothringer Straße war an jenem 13. Februar 1945 noch weit und sehr gewunden. Er führte ihn zunächst aus der brennenden Stadt hinaus in die Wälder der Umgebung. Dort hatte er noch einen Auftrag zu erfüllen. Für die Naziführung war noch nicht genug Blut geflossen, noch nicht genug von Deutschland verbrannt und verwüstet. So proklamierte sie nach dem „totalen" und zu dieser Zeit längst total verlorenen Krieg den Krieg des allerletzten Aufgebots. 14jährige Pimpfe und 16jährige Hitlerjungen sollten für den „Führer" ihre Haut hinhalten und den „Endsieg" erkämpfen.

Zu ihnen gehörte der 16jährige Klavierbauerlehrling Günter Wöbbelmann, der zum Glück schon kurze Zeit später protokollarisch über seine Erlebnisse beim „Werwolf" befragt werden konnte. Zum Glück für ihn – er war davongekommen. Was er damals, noch ganz unter dem Eindruck der Ereignisse geschildert hat, verhilft uns heute dazu, den Henry Schmidt noch deutlicher zu sehen. Denn er war es, der den Jungen und seine bedauernswerten Altersgefährten damals zum sinnlosen Sterben zwingen wollte: Obersturmführer Schmidt aus Dresden.

Günter Wöbbelmann: „Ich erinnere mich noch daran, daß die Vereidigung während unseres Aufenthaltes in Hellerau erfolgte und SS-Obersturmführer Schmidt uns dazu mit den Worten ‚Heil Werwölfe' begrüßte. Mir wurde damit der Begriff ‚Werwolf' erstmalig bekannt. Der Angeklagte bestreitet auch diese seine letzte Schändlichkeit nicht. Er glaube allerdings, so sagt er, nicht „Heil Werwölfe!", sondern „Heil Hitler, Werwölfe!" gesagt zu haben. Er habe eben Befehl gehabt, das ist auch diesmal seine ganze Erklärung. Auch habe er die Kinder nicht militärisch ausgebildet, das sei Sache von Wehrmachtsangehörigen gewesen. Seine Aufgabe habe darin bestanden, die Jungen „staatspolizeilich zu unterweisen". Was darunter zu verstehen sei, wird er gefragt. Keine Antwort.

Klemperer schildert, daß seine Frau und er nach dem 13. Februar bei einem befreundeten Apotheker-Ehepaar in Falkenstein Unterschlupf gefunden hatten. Tage-, wochenlang bangten sie, ob irgendwelche von Schmidt „staatspolizeilich geschulten" Werwölfe sie aufstöbern und an Äußerlichkeiten als davongekommene Juden erkennen würden. Es wäre nicht nur für sie, sondern auch für ihre Freunde der Tod noch in letzter Minute gewesen. „Haß ist unser Gebet und Rache unser Feldgeschrei", so proklamierte Goebbels das Wesen des von Himmler ins Leben gerufenen „Werwolfs". Als Wöbbelmann 1945 befragt wurde, wußte er von einem anderen Jungen, mit dem er offenbar befreundet war und der dann im „Einsatz gefallen" ist. Er selbst war wenigstens etwas klüger. Eines Morgens sagte ihm und den anderen Halbwüchsigen in Obercunewalde ein Mann mit weißer Armbinde, daß die Russen schon die Bautzener Landstraße reinkommen. „Verschwindet!" – „Da sind wir ausgerissen ..."

Noch einer riß aus: Schmidt, der sich zur Zeit der Kapitulation in der Gegend von Altenberg befand, „um dort Werwolfstützpunkte anzulegen", zögerte nicht, die von ihm noch im letzten Moment zum „Opfertod für Großdeutschland" bestimmten Kinder im Stich zu lassen und die Grenze zum „Protektorat", die nun wieder zur Grenze zur Tschechoslowakei wurde, zu überschreiten. Feigheit – das hat der „Arier" Schmidt stets für eine Grundeigenschaft jüdischer Menschen angesehen – eine der Eigenschaften, derentwegen er sie haßte und vernichtete. Wie er wohl sein eigenes Verhalten empfunden haben mag, etwa im Vergleich zu dem des „Judenmischlings", der ihm im Dresdner

Polizeigefängnis so tapfer entgegengetreten war, um seine Mutter zu retten (vgl. den Abschnitt „Der Fall Horst Weigmann“)?

In Teplitz, nun wieder Teplice, traf er verabredungsgemäß mit seiner Familie zusammen und erschlich sich von dem eben gegründeten, völlig unerfahrenen tschechischen Nationalausschuß eine Bescheinigung für die Rückkehr nach Deutschland. Am 8. Mai, als in Berlin-Karlshorst die Kapitulationsurkunde unterzeichnet wurde, erreichte die Familie Schmidt Chemnitz und suchte dort bei einer Schwägerin des Angeklagten Zuflucht. Sie war Hausmeisterin einer Schule, in der ein Lazarett untergebracht war. Eine Krankenschwester ätzte ihm auf seine dringende Bitte hin die Blutgruppentätowierung aus, die ihn als SS-Angehörigen gekennzeichnet hätte. Seine Dienstwaffe hatte er schon in Altenberg weggeworfen – zu einer Zeit, als von ihm „auf den Führer“ vereidigte Jungen wie Günter Wöbbelmann allein dafür als „Deserteure“ kurzerhand aufgehängt wurden –, auch seinen Dienstausweis hatte er vernichtet, ja, er trennte sich sogar von seinem „SS-Totenkopfring“, der ihm von Himmler verliehen worden war.

In Chemnitz war Schmidt geboren, dort hatte er seinen Weg als oberster sächsischer Judentöter angetreten und auch gewisse Spuren hinterlassen. Als er erfuhr, daß man sich schon nach ihm erkundigt hatte, hielt es ihn nicht länger. „Nur nicht erkannt, nur nicht erwischt werden“, das war in den kommenden Jahren und Jahrzehnten sein wichtigstes Bestreben. Ihm war bewußt, welche untilgbare Schuld er auf sich geladen hatte.

# Der Korrekte mit dem Dutzendnamen und der falschen Biographie

*Wie Schmidt 40 Jahre lang untertauchen konnte, ohne wirklich unterzutauchen.*

Die Familie zog nach Oelsnitz (Erzgebirge) weiter, zu anderen Verwandten von Schmidts Ehefrau. Das Haus gehörte einem Fuhrunternehmer, der bei Altenburg zwei Sandgruben gepachtet hatte. Schmidt erinnerte sich seiner baukaufmännischen und seiner Maurerfähigkeiten. Er war sich jetzt für eine Tätigkeit als Sandgrubenarbeiter nicht zu schade, sah er darin doch zugleich eine Chance, sich einen glaubhaften neuen Lebenslauf zuzulegen. So gab er seinen Lehrbetrieb richtig an, nannte dann aber als weitere Arbeitsstellen für die Jahre 1933 bis 1945 kleinere Baubetriebe in Polen, die dort tatsächlich einmal bestanden hatten (wie er aus seiner dortigen Gestapotätigkeit noch wußte, ohne mit ihnen aber zu tun gehabt zu haben) und die durch Kriegseinwirkungen zerstört worden waren, also auch die alten Personalunterlagen. In der Kriegszeit will er als Zivilangestellter der für Bauaufgaben bestimmten Organisation Todt angehört haben, deren Personalunterlagen gleichfalls nicht mehr existierten. So erklärt er auch, weshalb er nicht Soldat gewesen war.

Als er 1977 das Rentenalter erreichte, beanspruchte er in allem Ernst, daß ihm auch seine Dienstzeit bei der Gestapo als Jahre einer versicherungspflichtigen Tätigkeit anerkannt wurden – natürlich unter Angabe der falschen Arbeitsstellen. Da er diese nicht belegen konnte, wurde das zunächst abgelehnt. Schmidt beschwerte sich und erklärte unter besonderer Versicherung der Wahrheit, er habe in den von ihm angegebenen Betrieben tatsächlich schwer gearbeitet. Nur an den fehlenden Papieren dürfe seine Rente doch nicht scheitern. Der Beschwerde wurde stattgegeben, und Schmidt erhielt für sämtliche Jahre dieser „Tätigkeit" monatlich 81,50 Mark Rente. Dies bestreitet er zwar in der Hauptverhandlung, aber Staatsanwalt Busse kann ihn mit einer entsprechenden Unterlage der Sozialversicherung Altenburg augenblicklich überführen. Entsprechend bunt wählte er in seiner Legende auch seine angeblichen Wohnorte während der kritischen Zeit.

An diesen Angaben hält er in der gesamten Folgezeit mit dem Bürokratenfleiß fest, der ihn stets charakterisiert hatte.

Auch den beiden Kindern gegenüber wahrte das Ehepaar wohlweislich strenge Verschwiegenheit. Sie erfuhren nichts, was ihnen Rückschlüsse auf die wahre Vergangenheit ihres Vaters ermöglicht hätte. Schon deshalb wäre es völlig verfehlt, die Empörung über den Angeklagten etwa auf seine Tochter und seinen Sohn auszudehnen, die heute beide tüchtige und anständige Bürger der DDR sind, studiert haben und in ihren Betrieben angesehen sind. Die Enthüllungen über ihren Vater haben sie wie ein Blitz getroffen, sie haben daran sicherlich ihr Leben lang zu tragen. Niemandem ist es erlaubt, ihnen diese Last noch zu erschweren. Sippenhaft gehörte zu den grausamen Instrumenten der Gestapo. Sozialistischen Rechts- und Moralprinzipien widerspricht sie auch dann, wenn sie sich gegen die Angehörigen eines Gestapokommissars wie Henry Schmidt richten würde.

Bei der am Tage der Verhaftung durchgeführten Hausdurchsuchung fanden der Staatsanwalt und die Mitarbeiter des Untersuchungsorgans neben anderen Reliquien aus der Nazizeit auch ein Naziparteiabzeichen mit goldenem Eichenkranz. Dieses sogenannte „Goldene Parteiabzeichen" hatte Hitler seinen engsten Kumpanen mit einer Mitgliedsnummer bis 100.000 gestiftet. Schmidt (Mitgliedsnummer 321.297) konnte es nicht gehören. Dazu befragt, erklärte er: „Es war meinem Schwiegervater verliehen worden. Der gehörte der Bewegung (!) schon seit Mitte der zwanziger Jahre an. Ich habe es zur ‚Erinnerung' (!) aufgehoben."

Es ist nahezu eine Ausnahme, wenn bei Hausdurchsuchungen bei Naziverbrechern keine derartigen „Erinnerungsstücke" gefunden werden. Der ehemalige SS-Arzt Dr. Heißmeyer, der 1966 vom Bezirksgericht Magdeburg verurteilt wurde, hatte beim Herannahen der sowjetischen Truppen eine Zinkkiste vergraben. Darin befand sich neben Unterlagen über verbrecherische Experimente an sowjetischen Kriegsgefangenen und jüdischen Kindern auch ein Porzellanteller mit einer persönlichen Widmung des berüchtigten Kriegsverbrechers und Generals der Waffen-SS Pohl.

In der Wohnung eines ehemaligen Offiziers der faschistischen Polizei, der vom Bezirksgericht Erfurt verurteilt wurde, fand man im Schlafzimmerschrank „anziehbereit" seine Hauptmannsuniform mit dem „Kriegsverdienstkreuz" und dem „Bandenkampfabzeichen". Im Haftbefehl des Kreisgerichtes war er noch als Oberleutnant der Schutzpolizei bezeichnet worden. Durch sein Soldbuch, das sich „vorschriftsmäßig" im Waffenrock befand, konnte er den Haftrichter jedoch von dessen „Irrtum" überzeugen. Noch in den letzten Kriegstagen war der Nazigendarm befördert worden.

Woran ihn diese Uniform, die er bei der Durchführung seiner Verbrechen trug, erinnern sollte, konnte (oder wollte) er nicht erklären.

Auch Schmidt blieb dem Gerichtsvorsitzenden die Antwort schuldig.

Aber verfolgen wir zunächst seinen weiteren Weg bis hierher auf die Anklagebank, wie er in der Hauptverhandlung des Bezirksgerichts nachgezeichnet wird. Um ja nicht etwa aufzufallen, blieb Schmidt längere Zeit als Arbeiter in den Frohnsdorfer Sandgruben. Dort baut er sich auch eine Wohnung aus und meldet sich polizeilich als Umsiedler an. In seinem Ausweis für „Ostumsiedler" ließ er als letzten Wohnort Teplitz-Schönau eintragen und schreckte auch nicht davor zurück, Umsiedlerkredite in Anspruch zu nehmen. Nur zögernd offenbarte er seine Kenntnisse als Baukaufmann. Da halbwegs qualifizierte Kräfte rar waren, bot man ihm bald darauf an, eine Arbeit als Verwalter der Sandgruben zu übernehmen, die einer Firma Martin gehörten. Diese Verwaltungstätigkeit behielt er bei, als dann zunächst ein anderer Privatbetrieb, der sich mit dem Bau von Starkstromanlagen befaßte, und schließlich der VEB Starkstromanlagenbau Halle die Gruben übernahm. Am Schreibtisch war er in seinem Element, bewies Umsicht und – wiederum – großen Eifer. Bereitwillig erwarb er zusätzliche Qualifikationen, wie den Befähigungsnachweis für den Gesundheits-, Arbeits- und Brandschutz sowie für das Betreiben einer Anschlußbahn. Schließlich wurde er in Altenburg zunächst Mitglied der AWG „Glück auf" und am 1. April 1963 deren Geschäftsführer. Vorstand und Mitglieder der Arbeiterwohnungsbaugenossenschaft mögen über den stets peinlich korrekten, disziplinierten Mitarbeiter, der nie etwas vergaß, wohl ausgesprochen glücklich gewesen sein. Er zeigte dabei alte Stärken. Auch in Dresden hatte er ja nichts und niemanden vergessen, nicht den letzten Juden, der sich noch irgendwo in der Stadt befand. Aber wer sollte wohl auf den Gedanken kommen, daß sich hinter der Hornbrille des stets ansprechbaren, grundsoliden AWG-Geschäftsführers ein seit langem gesuchter Verbrecher versteckte? Wenn die Sprache mal auf irgendwelche Lebenserinnerungen kam, zeigte er sich zwar immer recht schweigsam, und sein Lebenslauf wirkte etwas dürr und lückenhaft. Aber das ist bei Menschen seines Alters, die ihr Leben zu einem großen Teil in der Kriegs- und unmittelbaren Nachkriegszeit verbracht haben, ob nun als Soldat, als Verwundeter oder Kriegsgefangener und wie die Zeitumstände die Schicksale sonst verdrillt haben mochten – das ist bei Angehörigen des Schmidtschen Jahrgangs 1912 nicht ungewöhnlich und für Kollegen und Nachbarn ganz sicher unverdächtig. In Widersprüche hat er sich nie verwickelt; auch dabei half ihm sein gutes Gedächtnis. Seinen Namen hat er übrigens nie verändert – wozu auch? So gelang es Schmidt, sich über

40 Jahre verborgen zu halten, ohne sich wirklich zu verbergen. Stets war er bemüht, sich als guter, zuverlässiger Durchschnittsbürger zu zeigen.

Vor Gericht wird er gefragt, ob er nie erwogen habe, sich, wie so viele seiner Mittäter, in westlicher Richtung abzusetzen. Schließlich mußte er doch wissen, daß er, einmal gefaßt, in der DDR mit strengster Strafe rechnen mußte, während man Leute seines Schlages in der BRD stets sehr sanft anfaßt, ja ihnen eine stattliche Beamtenpension nachzahlt, sogar für ihre Dienstjahre im Nazistaat. Doch, gedacht habe er daran schon, antwortet der Angeklagte. Er habe seine Kinder solchen Risiken aber nicht aussetzen wollen. Sie sollten in gesicherten Verhältnissen (!) aufwachsen. In dieser Hinsicht hat der Lauf der Geschichte ihm recht gegeben. Sollte er aber wirklich geglaubt haben, ungeschoren davonzukommen, dann hat er sich gründlich geirrt. Auch daß er sich gesellschaftlicher Aktivität befleißigte, half ihm da nicht weiter. Er arbeitete im Deutschen Roten Kreuz (!) und in der freiwilligen Feuerwehr mit und wurde dafür ausgezeichnet. Für gute Arbeitsleistungen und hohe Einsatzbereitschaft im Beruf wurde er wiederholt Aktivist der sozialistischen Arbeit.

„Die Fahndung nach dem Gestapokommissar Henry Schmidt aus Dresden aber wurde niemals eingestellt“, sagt der Staatsanwalt.

# „Herr Schmidt – Sie sind verhaftet“

*Wie die Spur aufgenommen und beharrlich verfolgt wurde.*

Anfang April 1986 ist die Vermutung zur Gewißheit geworden. Der Rentner Henry Schmidt aus Altenburg ist der langgesuchte Gestapokommissar, der ehemalige Leiter des Judenreferates der Staatspolizeileitstelle Dresden. Das Lügengebilde, hinter dem er sich über vier Jahrzehnte verbergen konnte, stürzt zusammen wie ein Kartenhaus.

Am Morgen des 9. April 1986 verkündete ihm der Kreisstaatsanwalt von Altenburg: „Herr Schmidt, Sie sind verhaftet.“ Er legte ihm das rote Formular des richterlichen Haftbefehls vor, aus dem sich die Beschuldigung ergibt: „Dringender Tatverdacht der Mitwirkung an Verbrechen gegen die Menschlichkeit durch Verfolgung, Mißhandlung, Deportation und Mord an Menschen jüdischer Herkunft.“ Dem Haftrichter zur Verkündung des Haftbefehls vorgeführt, erklärt der Beschuldigte: „Was im Haftbefehl steht, stimmt.“

Was war diesem Tag vorausgegangen, wie war es gelungen, diesem Mitschuldigen an dem beispiellosen Massenmord, der „Endlösung der Judenfrage“ vier Jahrzehnte danach doch noch auf die Spur zu kommen?

Erste Hinweise hatten sich aus einer Akte des Freislerschen „Volksgerichtshofes“ ergeben. Nachdem der Generalstaatsanwalt der DDR der Westberliner Staatsanwaltschaft umfangreiche Rechtshilfe zu den von antifaschistischen Kräften erzwungenen Ermittlungen gegen ehemalige Richter und Staatsanwälte dieses faschistischen Terrorgerichtes geleistet hatte, wurden die Akten nach möglichen weiteren Schuldigen ausgewertet. In einem Vorgang befanden sich Vernehmungsprotokolle der Staatspolizeistelle Oppeln (Opole), die ein „Kriminalassistent Schmidt“ unterschrieben hatte. Da derartige Vernehmungen von Antifaschisten durch die Gestapo, die der Vorbereitung von Terrorprozessen dienten, grundsätzlich als eine Form der Mitwirkung an Verbrechen gegen die Menschlichkeit einzuschätzen sind, wurden weitere Ermittlungen eingeleitet.

Geheime Staatspolizei
Staatspolizeistelle
Oppeln

Fingerabdruck genommen *)
Fingerabdrucknahme nicht erforderlich *)
Person ist – nicht – festgestellt *)

Datum:
Name:
Amtsbezeichnung:
Dienststelle:

Oppeln, am 9. Juni 1939.

Auf Vorladung – Vorgeführt *) – erscheint

der Fleischer Karl S c h n u r a

Reg

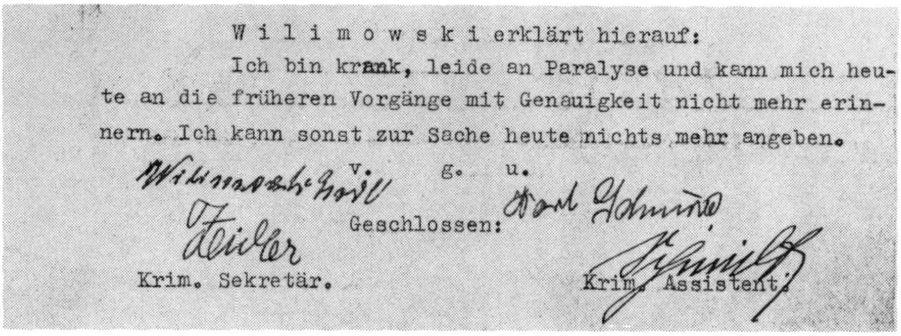

W i l i m o w s k i erklärt hierauf:
Ich bin krank, leide an Paralyse und kann mich heute an die früheren Vorgänge mit Genauigkeit nicht mehr erinnern. Ich kann sonst zur Sache heute nichts mehr angeben.

v. g. u.

Geschlossen:

Krim. Sekretär. Krim. Assistent.

In Zusammenarbeit mit dem Direktor der Hauptkommission zur Verfolgung der Hitlerverbrechen in Polen, Professor Dr. Kakol, der um Rechtshilfe ersucht worden war, konnten wichtige Hinweise zu dieser Person erschlossen werden. In einem Archiv der Volksrepublik Polen wurde ein Schreiben des Oberreichsanwalts beim „Volksgerichtshof" gefunden, mit dem ein Kriminalassistent Schmidt – mit dem Vornamen Henry – als Zeuge zu einer Verhandlung des berüchtigten Terrorgerichtes angefordert worden war. Der dadurch bekannt gewordene, nicht häufige Vorname Henry erhöhte die Chancen der Aufklärung.

Aus Unterlagen über die Führerschule der Sicherheitspolizei Berlin-Charlottenburg ergab sich, daß dort im Jahre 1941 ein Henry Schmidt – SS-Nummer 9926 – einen Lehrgang für Kriminalkommissare absolviert hatte.

Der Oberreichsanwalt
beim Volksgerichtshof

[illegible] 11 J 64/39 g.
(Bitte in der Antwort anzugeben)

Berlin W 9, den 23. Januar 1940.
Bellevuestraße 15
Fernsprecher: 21 83 41

Deutsche Dienstpost Ost!

An
den Herrn Leiter der Sicherheitspolizei Krosno,
Abholpostamt Krosno,
Postleitpunkt
K r a k a u II.

Anlage : 1 Schriftstück.

In der Anlage übersende ich eine Ladung für den Kriminalassistent Henry S c h m i d t als Zeuge vor den Volksgerichtshof in Berlin W 9, Bellevuestraße 15 zum 26. Februar 1940 vormittags 9 Uhr mit dem Ersuchen um Weiterleitung an den Zeugen.

Ich ersuche, mich von dem Veranlaßten zu benachrichtigen sowie besonders auch mitzuteilen, falls S c h m i d t verhindert sein sollte, damit ich notfalls Entschließung über Aufhebung des Termins rechtzeitig herbeiführen kann.

Im Auftrage

[illegible] Kg.

Abg. a. 24.1.40

1) Eintragen unter III.

2) Kameraden Schmidt zur Kenntnis der anliegenden Ladung mit der Bitte um Einholung der Aussagegenehmigung beim Leiter der Grenzpolizeikommissariats [illegible].

3) Zu den Personalakten

[illegible]

Und aus einem „Befehlsblatt des Chefs der Sicherheitspolizei und des SD“ ging hervor, daß der gleiche Henry Schmidt auf Befehl des Führers zum Kriminalkommissar befördert und nach Dresden versetzt worden war.

Doch in Dresden schienen sich die Spuren zunächst zu verlieren. Die Staatspolizeileitstelle in der Bismarckstraße, der heutigen Bayerischen Straße, war in der Nacht des 13. Februar 1945 total zerstört worden. Verbrannt waren dabei auch die Personalakten der Dresdner Gestapo und wesentliche Beweise für ihre Untaten.

Die Fahnder des Ministeriums für Staatssicherheit befragten noch lebende antifaschistische Widerstandskämpfer nach einem „Gestapokommissar Schmidt“. Die meisten konnten ihn gar nicht kennen, da sie bereits viele Jahre in faschistischen Kerkern und Konzentrationslagern schmachteten, als Schmidt im Jahre 1942 nach Dresden gekommen war und sein unheilvolles Werk begonnen hatte.

334

Nur für Behördengebrauch! 347

53

**Befehlsblatt** Ausgabe A

**des Chefs der Sicherheitspolizei und des SD**

Herausgegeben vom Reichssicherheitshauptamt Berlin

Erscheint im allgemeinen jeden Sonnabend. Schriftleitung im Reichssicherheitshauptamt, Amt II, Berlin SW 11, Prinz-Albrecht-Straße 8. Ausgabe A (zweiseitiger Druck), Ausgabe B (einseitiger Druck). Einzelnummern durch die Schriftleitung. Druck: Preußische Verlags- und Druckerei GmbH., Berlin.

Nummer 53 | Berlin, den 28. November 1942 | 8. Jahrgang

**Personalmitteilungen**

Reichssicherheitshauptamt.

Abgeordnet: SS-Sturmbannführer Reg.Rat Max Hoff zum Befh. Kiew.

Kommandeure der Sich.Pol. u. des SD.

Ernannt zum Reg. u. Krim.Rat: SS-Obersturmbannführer Müller (Kdr. Lublin);
zum Krim.Rat: SS-Hauptsturmführer Krim.Komm. Höhmann (Kdr. Warschau).

Staatspolizei(leit)stellen.

Ernannt zum Krim.Direktor: SS-Sturmbannführer Krim.Rat Bauer (München);
zum Krim.Rat: Krim.Komm. Krüger (München);

zum Pol.Ob.Insp.: SS-Obersturmführer Wagner (Führerschule) u. SS-Bewerber Pol.Insp. Mausolf (Brünn);

zum Krim.Kommissar: SS-Untersturmführer Krim. Komm. z. Pr. Stöbrich (Oppeln).

Versetzt: SS-Hauptsturmführer Krim.Rat Pannwitz (Prag) zum RSHA.;

SS-Hauptsturmführer Pol.Ob.Insp. Ulrich (Halle) zum Kdr. Lemberg, SS-Obersturmführer Pol.Ob.Insp. Kaiser (Kdr. Lemberg) n. Karlsbad, die Pol.Ob. Inspektoren Schmale (Düsseldorf) n. Wilhelmshaven, Hennies (Hannover) n. Magdeburg, Mausolf (Brünn) n. Potsdam;

SS-Untersturmführer Krim.Komm. Henry Schmidt (Trier) n. Dresden, Krim.Komm. Möller (Kiel) n. Hamburg; die SS-Untersturmführer Krim.Komm. z. Pr. Pokorny (Brünn) n. Magdeburg, Dietrich (Frankfurt/M.) n. Trier, Schnabel (Karlsruhe) n. Kiel, Paar (Wien) n. Stuttgart, Belthäuser (Stuttgart) n. Koblenz, Mall (Brünn) n. Hannover u. Habermann (Prag) n. Brünn, die Krim. Komm. z. Pr. Sorger (Brünn) n. Wien u. Hollborn (Prag) n. Dortmund;

die SS-Untersturmführer Pol.Inspektoren Kummerow (Kdr. Lemberg) n. Zichenau u. Wilhelm Mai (Trier) zum Kdr. Lemberg, SS-Bewerber Pol.Insp. Trojanus (RSHA.) n. Prag, die Pol.Insp. Worms (RSHA.) zum Kdr. Lemberg, Ditt-

Ein wesentlicher Hinweis ergab sich aus einem Gespräch mit dem Präsidenten der Jüdischen Gemeinden in der Deutschen Demokratischen Republik, Helmut Aris. „Gestapokommissar Schmidt – ja, der war mir bekannt. Er leitete das Judenreferat der Dresdner Gestapo. Lebt der denn noch, ist der nicht beim Bombenangriff auf Dresden ums Leben gekommen?“

Zu diesem Zeitpunkt konnte die Frage noch nicht beantwortet werden. Doch da die Recherchen in den in Frage kommenden Archiven weitergingen, konnte ein weiteres wichtiges Indiz zur Identifizierung erschlossen werden, das Geburtsdatum. Aus dem aufgefundenen Dokument ergab sich, daß dem SS-Obersturmführer und Kriminalkommissar Henry Schmidt von der Staatspolizei Dresden, „geboren am 2. Oktober 1912“, am 1. September 1943 das „Kriegsverdienstkreuz 2. Klasse“ verliehen worden war.

Und so konnte festgestellt werden: Ein Mann dieses Namens und dieses Geburtsdatums wohnt in Altenburg, Erich-Weinert-Höhe 29. Die letzten Zweifel an seiner Identität mit dem ehemaligen Gestapooffizier wurden durch den Schriftvergleich beseitigt. Die Unterschrift in den Altenburger polizeilichen Meldeunterlagen rührte von der gleichen Person her, die in Oppeln als Angehöriger der Gestapo die für den „Volksgerichtshof“ bestimmten Vernehmungsprotokolle unterschrieben hatte.

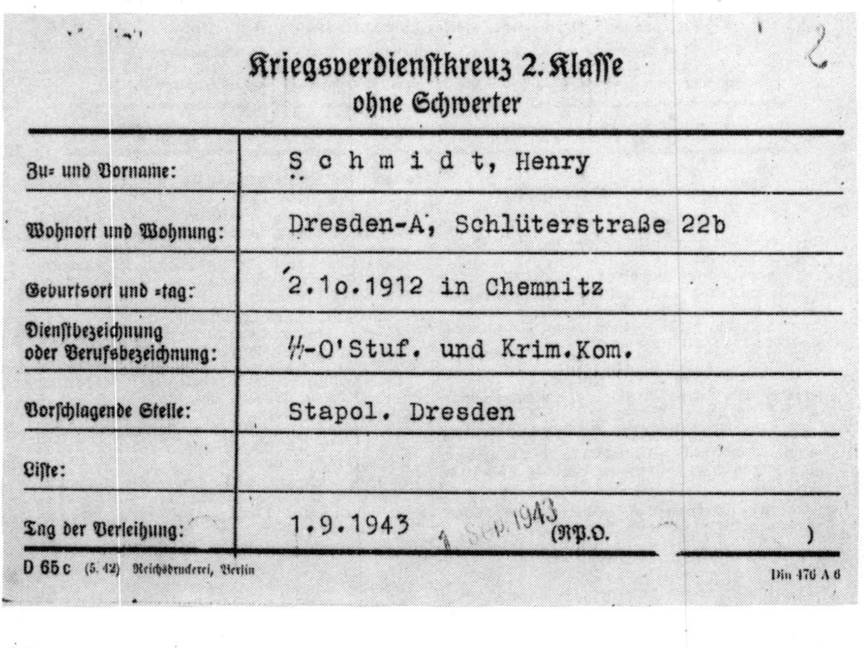
**Kriegsverdienstkreuz 2. Klasse**
ohne Schwerter

| | |
|---|---|
| Zu- und Vorname: | Schmidt, Henry |
| Wohnort und Wohnung: | Dresden-A, Schlüterstraße 22b |
| Geburtsort und -tag: | 2.10.1912 in Chemnitz |
| Dienstbezeichnung oder Berufsbezeichnung: | SS-O'Stuf. und Krim.Kom. |
| Vorschlagende Stelle: | Stapol. Dresden |
| Liste: | |
| Tag der Verleihung: | 1.9.1943 1. Sep. 1943 (RP.O. ) |

D 65 c (5. 42) Reichsdruckerei, Berlin Din 476 A 6

Inzwischen war in einer Dresdner Finanzbehörde ein weiteres Schreiben mit der Unterschrift „Schmidt“ entdeckt worden. Am 11. Juni 1943 hatte er der Allgemeinen Deutschen Credit-Anstalt in der Seestraße 14 mitgeteilt, daß auf Grund des § 1 der Verordnung des Reichspräsidenten zum Schutze von Volk und Staat vom 28. Februar 1933 das Vermögen der Israelitischen Religionsgemeinschaft beschlagnahmt worden sei. Auch diese Unterschrift war identisch mit der des in Altenburg wohnhaften Rentners Schmidt.

Sein Lebenslauf, der sich in den Personalunterlagen seiner letzten Altenburger Arbeitsstelle befand, entpuppte sich damit als eine Anhäufung von Lügen. Sein Verfasser war weder Umsiedler aus der Tschechoslowakei, noch hatte er in der Nazizeit auch nur einen Tag als Baukaufmann in Betrieben von Breslau bzw. Oppeln, dem heutigen Wrocław bzw. Opole, gearbeitet.

Doch noch lagen außer den Vernehmungsprotokollen aus Oppeln keine Beweise für seine Mitwirkung an Verbrechen in Dresden vor. Sie wurden erst in enger Zusammenarbeit mit dem Bezirkskomitee der antifaschistischen Widerstandskämpfer in Dresden und dem Präsidenten des Verbandes der Jüdischen Gemeinden in der DDR und der Tschechoslowakischen Regierungskommission zur Verfolgung von Kriegs- und Naziverbrechen offengelegt.

In mühevoller Kleinarbeit wurden die aus den ersten Nachkriegsjahren aus den Kreisen Dresden, Pirna, Freiberg, Meißen, Großenhain, Dippoldiswalde, Bautzen, Löbau und Zittau stammenden Anträge auf Anerkennung als Verfolgte des Naziregimes überprüft. Diese Kreise hatten zum Wirkungsbereich der Staatspolizeileitstelle Dresden gehört. Nur aus wenigen dieser Unterlagen konnten sich Hinweise auf Verbrechen des Leiters des Judenreferates der Dresdner Gestapo ergeben, da die Mehrheit der jüdischen Menschen nicht aus den Vernichtungslagern zurückgekehrt war.

Aber einige, so Frau Iren Henniger, Dr. Gerhard Hirsch, Elisa Karlowa, Johanna Krause, Ilse Sabarstinski, hatten die Schreckenszeit überlebt. Nach ihrer Befreiung durch die Sowjetarmee waren sie nach Dresden zurückgekommen. Gestapokommissar Schmidt kannten sie alle. Und nicht nur aus den Schilderungen ihrer jüdischen Leidensgefährten, sondern aus eigenem Erleben. Jeder dieser Männer und Frauen hatte in den Jahren 1942, 1943 oder 1944 vor dem allmächtigen Kommissar gestanden und um sein Leben gebangt. Jedes dieser Opfer war von ihm beleidigt und gedemütigt worden, hatte seine Fäuste zu spüren bekommen oder war brutal mit den Füßen getreten worden. Und für jeden von ihnen hatte Schmidt „Schutzhaftbefehle“ – ein Zeuge nennt sie „Fahrscheine in den Tod“ – beantragt.

Bereits in den ersten Befragungen ergab sich, daß diese Zeugen den

## L e b e n s l a u f

101

Am 2.Oktober 1912 wurde ich,Lothar Henry Schmidt, als Sohn des Sattlers und Tapezierers Hugo Schmidt und seiner Ehefrau, der Strumpfnäherin Alma Schmidt geb.Uhlig,geboren. Von Ostern 1919 bis Ostern 1923 besuchte ich die Volksschule und anschließend bis Ostern 1929 die Real- und Aufbauschule in Chemnitz.Im April 1929 begann ich meine kaufmännische Lehre im Baugeschäft Fischer, Chemnitz, die am 31.3.1932 mit erfolgreichem Abschluß endete. Nach Beendigung meiner Lehrzeit arbeitete ich noch einige Zeit im Lehrbetrieb und ging nach kurzer Erwerbslosigkeit im Oktober 1932 als Baukaufmann zur Fa.Holzmann,Breslau.Dort war ich auf verschiedenen Baustellen tätig und wechselte im Juli 1937 zum Baugeschäft Cebulla,Oppeln. Im Juni 1940 wurde ich als Angestellter zur Organisation Todt übernommen und war bis zum Kriegsende dort beschäftigt. Nach der Umsiedlung kam ich im September 1945 nach Frohnsdorf und begann meine Tätigkeit in der dortigen Kiesgrube der Fa.Paul Martin.Von Februar 1947 bis Juli 1947 war ich zur SMA - Demontage Grube Regis abgestellt und arbeitete als Sachbearbeiter für Einstellungen und Entlassungen. In der Folgezeit war ich wieder als Betriebsleiter in der Kiesgrube Frohnsdorf bis Ende Januar 1957 tätig. Mit der Übernahme der Frohnsdorfer Kiesgrube durch die Fa.Frey,Altenburg,wechselte ich zu dieser Firma über und arbeitete bis April 1960 weiterhin als Leiter der Kiesgrube. Nach Überführung des ehem.Starkstrom-Leitungsbaues Rudolf Frey in Volkseigentum erfolgte per 1.1.1960 meine Übernahme in den VEB Starkstrom-Anlagenbau Halle, Betriebsteil Altenburg, bei dem ich als Gruppenleiter Absatz, in der Betriebsabrechnung und zuletzt als Revisor tätig war. Seit 1.April 1963 bin ich als Geschäftsführer der AWG " Glückauf " Altenburg tätig

Am 16.10.1937 heiratete ich die Kanzleiangestellte Gertrud Richter.

Während meiner Zugehörigkeit zur Freiwilligen Feuerwehr Frohnsdorf erlitt ich im November 1950 bei einer Übung einen Unfall, der einen Dauerschaden an der rechten Hand hinterlassen hat, so daß ich eine 20 %ige Unfallteilrente beziehe.

Seit dem Frühjahr 1957 arbeitete ich im Vorstand der AWG " Glückauf " in verschiedenen Funktionen mit.

Über meine sonstige gesellschaftliche Tätigkeit gibt der Personalbogen nähere Auskunft.

Altenburg, am 20. März 1971

Peiniger der Dresdner Juden und die von ihm verübten Untaten niemals vergessen haben. Durch ihre detaillierten und objektiven Aussagen konnte im Zusammenhang mit den anderen bereits vorliegenden Beweismitteln der für den Erlaß eines Haftbefehls gesetzlich erforderliche „dringende Tatverdacht“ begründet werden, der Verdacht der Mitwirkung an nazistischen Verbrechen gegen die Menschlichkeit.

Der Generalstaatsanwalt der DDR wies an: Auf der Grundlage des Statuts für den Internationalen Militärgerichtshof von Nürnberg vom 8. August 1945 ist ein Ermittlungsverfahren gegen Henry Schmidt einzuleiten und Haftbefehl zu beantragen.

# Das Urteil

*Höchststrafe für den Eichmann von Dresden.*

Lebenslänglich beantragte der Staatsanwalt; der Verteidiger ersuchte um eine mildere Strafe.

Am Morgen des 28. September 1987 wird Henry Schmidt ein letztes Mal in den Gerichtssaal geführt. Nur wenige hundert Meter von der ehemaligen Bismarckstraße entfernt, wo vier Jahrzehnte zuvor sein verbrecherisches Treiben ein Ende gefunden hatte, erwartet er das Urteil für seine Missetaten, die er und seinesgleichen als „Endlösung der Judenfrage" bezeichnet hatten.

Der Gerichtssaal ist, wie an den Vortagen, bis auf den letzten Platz besetzt. Und wie es wohl Brauch ist bei den meisten Gerichten der Welt, erheben sich der Staatsanwalt, der Rechtsanwalt, die Zuschauer und selbstverständlich auch der Angeklagte, als die Richter den Saal zur Urteilsverkündung betreten.

Nach mehrtägiger Unterbrechung der Hauptverhandlung, die nicht nur wegen der Beratung über das Urteil erforderlich war, sondern die gerade in diesem Verfahren die Achtung vor dem Jüdischen Neujahrsfest gebot, verkündet der Vorsitzende des 1. Strafsenates, Bezirksgerichtsdirektor Siegfried Stranovsky, die Entscheidung. Sie lautet so, wie alle sie erwartet hatten, vielleicht auch der Angeklagte selbst.

Wie anders hätte das Urteil eines antifaschistischen Gerichtes nach allem, was seit dem Vortrag der Anklage des Generalstaatsanwaltes zur Sprache gekommen war, auch lauten sollen, als auf eine lebenslängliche Freiheitsstrafe und Aberkennung der staatsbürgerlichen Rechte.

Das ist in der DDR die gesetzlich mögliche Höchststrafe, nachdem der Staatsrat die Todesstrafe mit Wirkung vom 17. Juli 1987 für nicht mehr anwendbar erklärt hatte und die Volkskammer deren Abschaffung beschloß (GBl. I 1987 Nr. 31 S. 301).

Wie es das Gesetz gebietet, wird auch der ehemalige Gestapokommissar über sein Recht belehrt, gegen das Urteil Berufung einzulegen.

„Das ist mir bekannt, und ich werde Berufung einlegen", ist seine Antwort.

Rechtsgrundlage des Urteils bildete Artikel 6 Buchstabe c des Statuts des Internationalen Militärgerichtshofes von Nürnberg vom 8. August 1945 (IMT-Statut), wonach bereits die faschistischen Hauptkriegsverbrecher gerichtet worden waren.

In den ausführlichen Urteilsgründen – sie umfassen 93 Seiten – faßt das Gericht die überzeugenden und erschütternden Ergebnisse der Beweisaufnahme zusammen und analysiert gründlich die menschenfeindliche Vernichtungs- und Versklavungspolitik des deutschen Faschismus gegenüber ganzen Bevölkerungsgruppen, darunter vor allem gegen die europäischen Juden. Die Eskalation dieser Politik seit der Machtübergabe an Hitler durch die imperialistischen Kräfte, vor allem aber nach dem Ausbruch des von ihnen angezettelten Krieges, bis hin zur offenen Erklärung des Völkermords zur Staatsdoktrin durch die Wannseekonferenz wird ausführlich dargestellt. Das Dresdner Urteil gegen Henry Schmidt wird damit gleichermaßen zu einem zeitgeschichtlichen Quellenwerk, wie die Urteile des Obersten Gerichtes der DDR gegen Dr. Hans Globke, den einstigen Kommentator der faschistischen Rassengesetze, den KZ-„Arzt" von Auschwitz, Dr. Horst Fischer, und den Mörder von Oradour, Heinz Barth. (Neue Justiz, 1963/15, S. 507; 1966/7, S. 203; 1983/10, S. 396.)

Artikel 6 Buchstabe c des IMT-Statuts bestimmt, daß alle Personen abzuurteilen sind,
"die im Interesse der der europäischen Achse angehörenden Staaten als Einzelpersonen oder als Mitglieder einer Organisation oder Gruppe eines der folgenden Verbrechen begangen haben:
...
(c) Verbrechen gegen die Menschlichkeit:
Nämlich: Mord, Ausrottung, Versklavung, Deportation oder andere unmenschliche Handlungen, begangen an irgendeiner Zivilbevölkerung vor oder während des Krieges, Verfolgung aus politischen, rassischen oder religiösen Gründen, begangen in Ausführung eines Verbrechens oder in Verbindung mit einem Verbrechen..."

Mit besonderer Detailtreue und Genauigkeit, die auch dem historisch allgemein aufschlußreichen Gutachten der Sachverständigen Ludmilla Chladkowa aus der heutigen Nationalen Mahn- und Gedenkstätte Terezín (ČSSR) zu danken ist (Neue Justiz, 1988/3, S. 105ff.), stellt das Urteil die Dezimierungsfunktion dar, die dem „Altersghetto" Theresienstadt (von Schmidt und seinen Geistesverwandten blasphemisch auch als „jüdisches Altersheim Theresienbad" bezeichnet) im System der Massenenteignung, -vertreibung und -vernichtung zugedacht war. Diese kleine tschechische Stadt, die von Dresden nicht allzuweit entfernt ist, war sowohl Zwischen- als auch Endziel der Judentransporte ins Nichts. Durch die Erschließung umfangreichen authentischen Materials über das Leben und Sterben der Opfer von Schmidt bis hin zu genau belegten Einzelschicksalen wird das Urteil zu einer nicht allein juristisch, sondern auch wissenschaftlich unschätzbaren Darstellung des Schauplatzes „Theresienstadt" als Ort schauriger Verbrechen, die auch von künftigen Generationen niemals vergessen werden dürfen. „Es entspricht", so heißt es in den Urteilsgründen, „der historischen Verantwortung für die Erhaltung des Friedens und des Lebens der Menschen, die das Denken und Handeln der Bürger der sozialistischen Deutschen Demokratischen Republik bestimmt."

Zugleich ist es – ebenso wie die anderen schon genannten und viele weitere – ein Beweis dafür, daß unsere Republik ihrer völkerrechtlichen, politischen und moralischen Pflicht nachkommt, diejenigen, die dieses grausame Unrecht verübt und daran mitgewirkt haben, ungeachtet des Zeitablaufs zu verfolgen und unnachsichtig zu bestrafen, wo immer und wann immer man ihrer habhaft wird.

In Übereinstimmung mit dem Plädoyer des Staatsanwalts sah der Senat des Bezirksgerichtes die besonders schwere Schuld des Angeklagten darin, daß der Plan der Vernichtung der jüdischen Bevölkerung im Bereich der Staatspolizeileitstelle Dresden einen außerordentlich hohen Grad der Verwirklichung erreichte. Die jüdische Bevölkerung Dresdens bestand nach der Befreiung vom Faschismus im Jahre 1945, auch unter Einbeziehung der aus Ghetto und Konzentrationslagern Zurückgekehrten, nur noch aus weniger als 100 Menschen. Es ist absolut gewiß, daß nahezu 400 jüdische Einwohner durch die beschriebene Mitwirkung des Angeklagten ermordet worden sind, und ebensoviele sind, nachdem sie von Schmidt in das Vernichtungslager Auschwitz deportiert worden waren, seitdem spurlos verschwunden.

Soweit manche dieser über 700 Toten oder Verschollenen noch Angehörige hinterließen, wurde diesen unermeßliches Leid sowohl durch die Gewißheit des Todes als auch durch die Unsicherheit über das

Schicksal der Verschleppten zugefügt, was nicht selten zu schweren gesundheitlichen Schäden und immer zu seelischen Qualen dieser Angehörigen der Opfer führte. Das gilt erst recht für die wenigen überlebenden Opfer selbst. Diese schweren Folgen sind unwiderruflich und nicht wiedergutzumachen. Sie bestimmen daher das hohe Maß der persönlichen Schuld des Angeklagten und seine strafrechtliche Verantwortlichkeit.

In Übereinstimmung mit den völkerrechtlich anerkannten Prinzipien von Nürnberg, denen die Rechtspraxis der Gerichte unseres Landes entspricht, wies das Dresdner Gericht daher die zur Strafmilderung vorgetragenen Argumente des Verteidigers als unbegründet zurück.

Das System des vom faschistischen Staat geplanten und organisierten Ausrottungsfeldzuges gegen die europäischen Juden beruhte gerade darauf, daß Leute vom Schlage eines Schmidt die verbrecherischen Befehle von Heydrich, Kaltenbrunner und Eichmann bedingungslos ausführten.

Schmidt hat sich, wie er mehrfach zugab, mit den verbrecherischen Befehlen identifiziert, und niemals ist ihm in den Sinn gekommen, sich der Ausführung von Befehlen zu widersetzen. Und jeder Tag der gerichtlichen Beweisaufnahme hat darüber hinaus den Beweis erbracht, daß Schmidt nicht nur ein Vollstrecker erhaltener verbrecherischer Befehle gewesen ist. Als er Horst Weigmann im Gefängnis oder Ilse Sabarstinski und andere Opfer in seinem Amtszimmer zusammenschlug, konnte er sich nicht auf „höheren Befehl" herausreden.

Auch „nachträgliches Wohlverhalten" – der Angeklagte versuchte das am ersten Tage der Beweisaufnahme mit betrieblichen Belobigungen und Auszeichnungen aus der Nachkriegszeit zu belegen – wurde vom Gericht nicht als Strafmilderungsgrund anerkannt, da das nicht gegen Massenmorde „aufgerechnet" werden kann. Auch kann ja nicht außer Betracht bleiben, daß diese spätere Entwicklung des Angeklagten nur dadurch möglich war, daß er sich durch Lügen und Fälschung seiner Personalunterlagen der strafrechtlichen Verantwortlichkeit entziehen konnte, obwohl er mit dem Zeitpunkt der Begehung der Verbrechen ein Recht auf ein Leben in Freiheit nach völkerrechtlichen Prinzipien bereits verwirkt hatte.

Im Auftrag des Angeklagten legte der Rechtsanwalt gegen das Urteil des Bezirksgerichtes Dresden Berufung ein. Sie wurde mit Urteil des Obersten Gerichtes der DDR vom 22. Dezember 1987 als unbegründet zurückgewiesen.

Im Ergebnis der Nachprüfung des Urteils war der 1. Strafsenat des Obersten Gerichtes zu der Entscheidung gelangt, daß alle für die Prüfung der strafrechtlichen Verantwortlichkeit und die Strafzumessung bedeutsamen Tatsachen und Umstände umfassend und sorgfältig aufgeklärt worden sind. Das Bezirksgericht hat bei der Strafzumessung alle für die Tatschwere maßgeblichen Gesichtspunkte gründlich erwogen und zu Recht auf die Höchststrafe erkannt.

Das Oberste Gericht bekräftigte noch einmal den Grundsatz, daß die Umstände der Täterpersönlichkeit und das Verhalten nach der Tat um so weniger Einfluß auf die Strafzumessung haben, je schwerer die Verbrechen sind, und daß Verbrechen gegen die Menschlichkeit in der Regel eine solche Schwere aufweisen, daß der Ausspruch einer lebenslangen Freiheitsstrafe erforderlich ist (Neue Justiz, 1988/3, S. 123).

Das Urteil wurde mit seiner Verkündung rechtskräftig und der Verurteilte in den Strafvollzug überführt.

# Zustimmung zur Höchststrafe

*Reaktionen auf das Urteil aus dem In- und Ausland.*

Der Strafausspruch der Dresdner Richter – des Bezirksgerichtsdirektors Stranovsky und der Schöffen Dr. Paul und Müller – fand vorbehaltlose Zustimmung.

Widerstandskämpfer, Arbeitskollektive und viele junge Menschen betonten in Prozeßauswertungen und in Briefen an das Gericht, an die Staatsanwaltschaft und die Redaktionen von Massenmedien ihre tiefe Genugtuung darüber, daß faschistische Massenmörder in unserem Staat auch vier Jahrzehnte danach keine Chance haben.

Helmut Eschwege, Historiker und Mitglied der Jüdischen Gemeinde Dresden, würdigte im Namen seines Freundeskreises die tiefgründige und faire Prozeßführung des Gerichts und das Plädoyer des Vertreters der Anklage.

Der Prozeß und das Urteil straften diejenigen erneut der Lüge, die unserem Staat eine Diskriminierung der Menschen jüdischer Herkunft und jüdischen Glaubens zu unterstellen versuchen.

In der gerichtlichen Beweisaufnahme konnten nur noch wenige jüdische Männer und Frauen als Zeugen gehört werden, da die Mehrheit Opfer der „Endlösung" geworden sind.

Aber jeder, der bereit war, es zu hören, mußte erkennen, daß alle diese Zeugen von Anfang an eng mit unserem Staat verbunden sind und ihn mitgestalteten, als Treuhänder enteigneter Nazibetriebe, Ökonomen, Schneider, Kindergärtnerin, Modistin, Jurist und Volkspolizist.

Helmut Aris, bis zu seinem Tode im November 1987 Präsident des Verbandes der Jüdischen Gemeinden in der DDR, betrachtete das Urteil als Ausdruck dafür, daß in der DDR Antisemitismus, Rassenhetze und Völkerhaß mit der Wurzel ausgerottet sind und alle Bürger, unabhängig von ihrer Weltanschauung oder ihrem Glauben, in sozialer Sicherheit leben können und Gerechtigkeit erfahren.

Nahezu zeitgleich mit dem Prozeß gegen den Judenmörder wurde in der Hauptstadt der DDR die mit Unterstützung des sozialistischen Staates in neuem Glanz entstandene Synagoge wiedereingeweiht, die seit 1953 den symbolischen Namen „Friedenstempel“ trägt.

Im Ergebnis des Prozesses konnten auch Einzelschicksale aufgeklärt werden. Die Zeitschrift „Junge Welt“ hatte am 28. September 1987 in einer Berichterstattung über den Prozeß unter der Überschrift „Einzelschicksale klagen an“ unter den in Auschwitz umgebrachten Bürgern aus Dresden auch den Namen einer Frau Emma Looß genannt.

Ihre noch immer in Dresden lebende Tochter war bis dahin der Meinung gewesen, daß ihre Mutter beim Luftangriff auf Dresden getötet worden sei. Die damals 10jährige konnte sich nur noch daran erinnern, daß ihre Mutter im Jahre 1944 auf Grund einer Denunziation verhaftet und in das Arbeitslager in der Florastraße eingesperrt worden war. Da dieses Lager am 13. Februar 1945 zerstört wurde und von Frau Looß bis Dezember 1945 keine Lebenszeichen vorlagen, war sie nachträglich für tot erklärt worden.

Ihrer Tochter konnte auf der Grundlage der Unterlagen des Staatlichen Museums Auschwitz mitgeteilt werden, daß ihre Mutter im Juli 1944 in das Konzentrationslager Auschwitz deportiert worden war und dort, wenige Tage nach der Befreiung des Lagers, an den Folgen der Haft verstorben ist.

Auch außerhalb unseres Landes fand der Prozeß gegen den Gestapokommissar große Aufmerksamkeit. Professor Dr. Kakol, Direktor der Hauptkommission zur Verfolgung der Hitlerverbrechen in Polen, der als Prozeßbeobachter in Dresden war, berichtete nach seiner Rückkehr über die konsequente Verfolgung von Naziverbrechen in der DDR im polnischen Fernsehen.

Dr. Kamis, Sekretär der Tschechoslowakischen Regierungskommission zur Verfolgung von Kriegs- und Naziverbrechen, der ebenfalls am Prozeß teilgenommen hatte, veranlaßte, daß die Dokumente des Strafverfahrens gegen Schmidt in die Ständige Ausstellung der Gedenkstätte Terezín aufgenommen wurden.

Den Opfern, denen ihre Mörder sogar eine Grabstätte verweigerten, um jede Erinnerung an sie für immer auszulöschen, setzen die sozialistischen Staaten dadurch bleibende Denkmale. Den Toten zu Ehren, künftigen Generationen zur Mahnung: Nie wieder Krieg, nie wieder Faschismus!

# Komplizen des Gestapokommissars

*Aus Feststellungen des Gerichtsverfahrens.*

„Es gab nicht nur einen Adolf EICHMANN im Dritten Reich. Jedes Ministerium, ob Auswärtiges Amt oder Reichsverkehrsministerium oder Reichsfinanzministerium, hatte seine ‚Eichmänner' mit ihrer Zuständigkeit für Mord-, Deportations- oder Ausplünderungsaufgaben."
(Dr. Robert Kempner, Stellvertreter des Hauptanklägers der USA im Nürnberger Hauptkriegsverbrecherprozeß, zitiert aus: Adolf Diamant, Chronik der Juden von Dresden, Darmstadt 1973, Vorwort.)

*Reichssicherheitshauptamt (RSHA)*

| | |
|---|---|
| Reinhard HEYDRICH | SS-Obergruppenführer<br>Leiter des RSHA bis 4. 6. 1942<br>SS-Nummer: 10.120<br>von tschechoslowakischen Patrioten in Prag durch ein Attentat hingerichtet |
| Ernst KALTENBRUNNER | SS-Obergruppenführer<br>Nachfolger HEYDRICHS ab 30. 1. 1943<br>SS-Nummer: 13.039<br>als Hauptkriegsverbrecher am 16. 10. 1946 in Nürnberg gehängt |
| Adolf EICHMANN | SS-Obersturmbannführer<br>Leiter der Abteilung IV A 4 und des Referates IV A 4 b des RSHA (Judenangelegenheiten)<br>SS-Nummer: 45.326<br>vom Bezirksgericht Jerusalem zum Tode verurteilt und am 31. 5. 1962 gehängt |

Aus dem Urteil des Internationalen Militärgerichtshofes von Nürnberg vom 1. Oktober 1946

„Die Gestapo und der SD wurden für Zwecke verwandt, die gemäß Statut verbrecherisch waren; dazu gehören die Verfolgung und Ausrottung der Juden."

„Am 24. Januar 1939 wurde HEYDRICH, der Chef der Sicherheitspolizei und des SD, mit der Durchführung der Auswanderung und Evakuierung der Juden aus Deutschland und am 31. Juli 1941 mit der Endlösung der Judenfrage in dem von den Deutschen beherrschten Europa beauftragt.

Unter der Leitung von Standartenführer EICHMANN wurde im RSHA eine besondere Abteilung der Gestapo geschaffen, die für die jüdischen Angelegenheiten zuständig war ... Örtliche Gestapodienststellen wurden zunächst dazu benutzt, die Auswanderung der Juden zu überwachen, und später dazu, sie ... nach dem Osten zu deportieren."

(Der Nürnberger Prozeß, Bd. I, Berlin 1966, S. 214.)

Feststellungen im Verfahren gegen Gestapokommissar Schmidt vor dem Bezirksgericht Dresden

- Weisungen, Befehle und andere Orientierungen des RSHA bildeten die Grundlage der verbrecherischen Tätigkeit des Referatsleiters SCHMIDT.
- Durch die Unterschrift KALTENBRUNNERS wurden die von SCHMIDT erarbeiteten und von seinen übergeordneten Dienstvorgesetzten befürworteten „Schutzhaftbefehle" rechtskräftig und führten zur Deportation der Opfer in die Konzentrationslager.
- EICHMANN übermittelte per Fernschreiben oder telefonisch die Termine zur Deportation der jüdischen Bürger in das Ghetto Theresienstadt und zur Verschleppung der Insassen des Zwangsarbeitslagers Dresden-Hellerberg in das Vernichtungslager Auschwitz.

*Staatspolizeileitstelle Dresden*

| | |
|---|---|
| W. MÜLLER-METZ | Leiter<br>SS-Obersturmbannführer, Oberregierungsrat |
| SCHINDHELM | Leiter der Abteilung IV bis Oktober 1942<br>SS-Obersturmbannführer, Regierungsrat<br>Stellvertreter des Dienststellenleiters |

| | |
|---|---|
| JACOB | Leiter der Abteilung IV ab Oktober 1942<br>SS-Obersturmbannführer, Regierungsrat |

- Gemäß den Prinzipien von Nürnberg direkt mitverantwortlich für die Verbrechen des ihnen unterstehenden Leiters des Referates IV 4.
- Die von SCHMIDT organisierten und durchgeführten Massendeportationen bedurften ihrer Zustimmung.
- Die von SCHMIDT erarbeiteten Anträge auf Anordnung der „Schutzhaft“ wurden „auf dem Dienstweg“ über die Obengenannten an das RSHA weitergeleitet und von ihnen abgezeichnet.

*Referat IV 4 (vorher II B) der Staatspolizeileitstelle Dresden*

| | |
|---|---|
| Henry SCHMIDT | Leiter<br>SS-Obersturmführer, Kriminalkommissar<br>SS-Nummer: 9.926 |
| Rudolf MÜLLER | Kriminalobersekretär |
| M. KLEMM | Kriminalsekretär |
| PETRI | Kriminalsekretär |
| KORN | Kriminalinspektor |

Mit diesen seiner Befehlsgewalt unterstehenden Gestaposchergen führte der SCHMIDT seinen verbrecherischen Auftrag unmittelbar durch.

*Sicherheitsdienst in Dresden (SD)*

| | |
|---|---|
| CLEMENS | SS-Sturmbannführer |

Die vom SD aus seinem Spitzelsystem erschlossenen Erkenntnisse bildeten eine wesentliche Grundlage für die Terrormaßnahmen SCHMIDTS gegen jüdische Bürger.

Die Mitteilungen von „V-Leuten“, deren Namen der SD geheimhielt, über Verstöße jüdischer Menschen gegen Terrorbestimmungen (Verdecken des Judensternes, verbotener Besuch von Gaststätten oder Kinoveranstaltungen usw.) bildeten für SCHMIDT die Grundlage für die Beantragung der „Schutzhaft“.

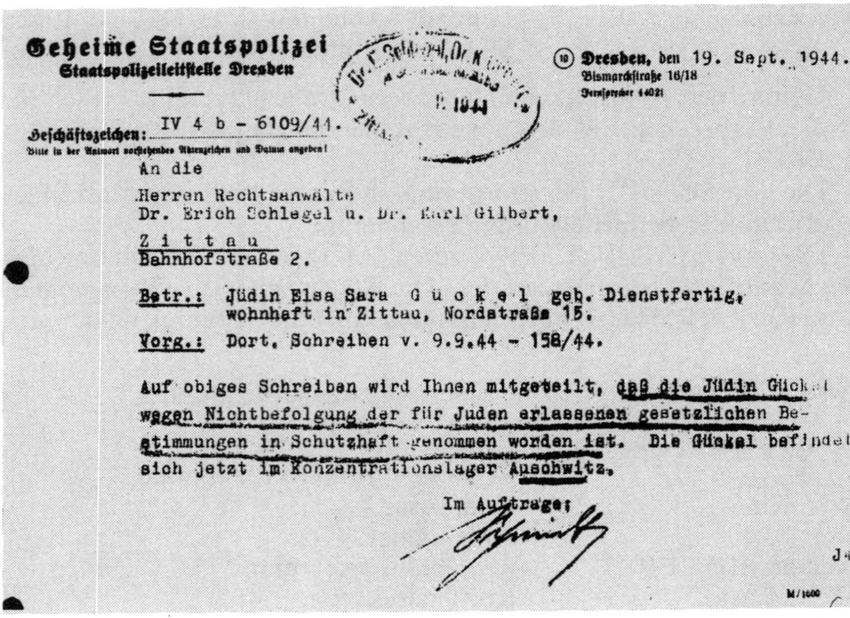

Geheime Staatspolizei
Staatspolizeileitstelle Dresden

Dresden, den 19. Sept. 1944.
Bismarckstraße 16/18
Fernsprecher 44021

Geschäftszeichen: IV 4 b - 6109/44.
Bitte in der Antwort vorstehendes Aktenzeichen und Datum angeben!

An die
Herren Rechtsanwälte
Dr. Erich Schlegel u. Dr. Karl Gilbert,
Z i t t a u
Bahnhofstraße 2.

Betr.: Jüdin Elsa Sara G ü c k e l geb. Dienstfertig, wohnhaft in Zittau, Nordstraße 15.

Vorg.: Dort. Schreiben v. 9.9.44 - 158/44.

Auf obiges Schreiben wird Ihnen mitgeteilt, daß die Jüdin Gückel wegen Nichtbefolgung der für Juden erlassenen gesetzlichen Bestimmungen in Schutzhaft genommen worden ist. Die Gückel befindet sich jetzt im Konzentrationslager Auschwitz.

Im Auftrage:

*Organe der Nazipartei (NSDAP) in Dresden*

| | |
|---|---|
| KÖHLER | Beauftragter für Judenangelegenheiten des Kreisleiters der NSDAP WAGNER |
| | *Anmerkung:* Gauleiter von Sachsen und somit einer der Hauptschuldigen an der „Endlösung der Judenfrage" war von 1925 bis 1945 der berüchtigte Martin MUTSCHMANN |

- KÖHLER hatte ein Arbeitszimmer im Gemeindeamt der Israelitischen Religionsgemeinde in der Zeughausstraße.
- Ständige Zusammenarbeit mit dem Gestapokommissar SCHMIDT bei der Konzentration der jüdischen Bürger in sogenannten Judenhäusern, ihrer weiteren Entrechtung, Ausplünderung und Deportation.
- Teilnehmer an allen Beratungen zur Durchführung der Massenverschleppungen in das Ghetto Theresienstadt und die Vernichtungslager.
- Verantwortlich für die Erfassung und Verwertung des Vermögens der Opfer.
- Urheber weiterer Terrorbestimmungen gegen jüdische Bürger.

*Bekanntmachung vom 26. 10. 1941*

„Auf Anordnung des Herrn Beauftragten der Kreisleitung haben wir alle Juden davon zu verständigen, daß sämtliche in ihrem Besitz befindlichen Schreibmaschinen am 27. und 28. 10. 1941 abzuliefern sind . . .

Zuwiderhandlungen und nicht rechtzeitige Ablieferung ziehen strengste Bestrafung nach sich.“

Herrn/~~Fr.~~ Dresden, am 15. April 1943.

Hermann Israel Levi

Dresden

Sie erhalten in der Anlage einen Fragebogen mit dem Ersuchen, diesen ordnungsmässig ausgefüllt bis zum

22. April 1943

an die

Israelitische Religionsgemeinde zu Dresden e.V.
(zugleich Verwaltungsstelle Dresden der Bezirksstelle Mitteldeutschland der Reichsvereinigung der Juden in Deutschland),
D r e s d e n - A 1, Zeughausstrasse 3, Zimmer 4,

zuzusenden.

Die Beantwortung der Fragen bezüglich des arischen Eheteils, sowie der als Mischlinge 1. Grades geltenden Kinder, auch wenn diese nicht im eigenen Haushalt leben, hat, wie sich aus dem Fragebogen ergibt, unbedingt zu erfolgen.

Die Ausfüllung ist möglichst mit Schreibmaschine oder in Blockschrift vorzunehmen.

Der Beauftragte der Kreisleitung
der NSDAP Dresden:
gez. Köhler

1 Fragebogen.

*Bekanntmachung „an alle Juden“ in Dresden vom 30. 12. 1941*

„Auf Anordnung des Herrn Beauftragten der Kreisleitung sind am 2. 1. 1942 alle Skier von 1,70 m Länge an abzuliefern ...
Gründliche Kontrollen werden durchgeführt.“

*Faschistischer Staatsapparat*

Erlaß von Aufenthaltsverboten, Beschränkungen und diskriminierenden Vorschriften gegen Einwohner jüdischer Herkunft, wodurch der Gestapo weitere Vorwände zur Verfolgung geschaffen wurden.

*Vermerk:* Oberbürgermeister war SS-Gruppenführer NIELAND.

Abschrift.

DER OBERBUERGERMEISTER
der Landeshauptstadt DRESDEN

Dresden A.1, Rathaus
Ringstrasse 19,II.

An die

Israelitische Religionsgemeinde

D r e s d e n - A. 1

Zeughausstrasse 3

Betrifft: Betreten öffentlicher Garten- und Parkanlagen durch Juden.

Der Herr Regierungspräsident zu Dresden-Bautzen hat auf Grund der Polizeiverordnung über das Auftreten von Juden in der Oeffentlichkeit vom 28.11.1938 den Juden das Betreten des Königsufers in Dresden verboten. Dieses Verbot ist mit Beschluss des Herrn Regierungspräsidenten zu Dresden-Bautzen vom 23.8.1940 auf alle städtischen öffentlichen Gartenanlagen erweitert.

Sie wollen den in Dresden sich aufhaltenden Juden hiervon Kenntnis geben. Besondere Schilder werden in den öffentlichen Gartenanlagen nicht aufgestellt.

gez. Unterschrift.

Der Landrat zu Dresden. Dresden, am 7.Febr. 1944.
P.I 1904/44.

Abschriftlich an
die Herren Bürgermeister des Bezirkes,
die Herren Gutsvorsteher Albertstadt und Moritzburg
und die Gend.Posten
zur Beachtung.

Der Landrat zu Dresden.
I.A.

Reg.-Ob.Sekr.

<u>Abschrift</u>
Geheime Staatspolizei
Staatspolizeileitstelle Dresden. Dresden, am 26.Januar 1944.
II B 3 - 19/44.

An den
pp
Herrn Landrat in Dresden.
pp

<u>Nachrichtlich</u>
an die Geheime Staatspolizei, Außendienststelle B a u t z e n.

<u>Betrifft:</u> Zuzug von Juden.
<u>Vorgang:</u> Ohne.

Ich bitte, jedweden Zuzug von Juden - auch bombengeschädigten Juden, die mit ihren deutschblütigen Angehörigen zuziehen -, der hiesigen Dienststelle unter Angabe der vollständigen Personalien und des letzten Wohnortes zu obigem Aktenzeichen sofort mitzuteilen.

Ferner bitte ich, mir auch den evtl. Wegzug oder sonstige Veränderungen, wie Todesfälle usw., bei Juden anzuzeigen.

Im Auftrage:
(gez.) S c h m i d t.

Beglaubigt:
Dresden, am 26. Januar 1944

Müller
Krim. Ob. Sekr.

*Polizeipräsidium Dresden*

- Exekutivorgan zur Überwachung der Einwohner jüdischer Herkunft; skrupellose Durchsetzung der faschistischen Rassengesetze.
- Schaffung zusätzlicher schikanöser Vorschriften gegen jüdische Bürger.
- An den unter Leitung von SCHMIDT durchgeführten Beratungen zur Organisierung von Deportationen in das Ghetto Theresienstadt und das Konzentrationslager Auschwitz nahm ständig ein Vertreter des Polizeipräsidenten teil. Er war für den Transport der Opfer ins Ghetto bzw. zum Bahnhof Dresden-Neustadt, von wo die Transporte nach Auschwitz abgingen, verantwortlich.
- Mitwirkung an Verhaftungsaktionen.
- Bewachung der Gefangenen der Gestapo im Polizeigefängnis Schießgasse.

Abschrift

Der Polizeipräsident
in Dresden

Dresden A 1
Schiessgasse 7
12.8.40

Gesch.-Zeichen: Präs.Abt.NS 91/40

An die
Israelitische Religionsgemeinde
D r e s d e n - A 1

Mit sofortiger Wirkung wird Juden der Zutritt zur Brühlschen Terrasse untersagt. Die Zugänge zur Brühlschen Terrasse werden mit entsprechenden Verbotstafeln versehen.

Ich ersuche Sie, Ihre Mitglieder von diesem Verbot umgehend in Kenntnis zu setzen.

In Vertretung:
gez. : Unterschrift.

Polizeibeamte unterstützten den Gestapokommissar SCHMIDT bei der Überwältigung des Patrioten Horst Weigmann, der sich Einlaß in das Gefängnis verschafft hatte, um seine eingekerkerte Mutter zu befreien.

*Goehle-Werk des Rüstungskonzerns Zeiss-Ikon-AG*

Leitungskräfte des Werkes STOFFERS
NITSCHE
HEMPEL
RIESS
Dr. HASDENTEUFEL
vereinbarten im November 1942 mit Kommissar SCHMIDT die Bildung eines Zwangsarbeitslagers für jüdische Menschen in Dresden-Hellerberg.

Im Verteiler des von Dr. HASDENTEUFEL gefertigten Protokolls über das verbrecherische Vorhaben stehen an erster Stelle die Namen der Direktoren ERNEMANN und SIMADER.

Entsprechend dem Komplott der Gestapo mit dem Rüstungskonzern wurden am 23. November 1942 mindestens 300 Juden aus Dresden in das Barackenlager des Konzerns verschleppt. Soweit sie arbeitsfähig waren, wurden sie unter unmenschlichen Bedingungen zur Zwangsarbeit mißbraucht.

Außerdem schuf die Werkleitung in Kenntnis des beabsichtigten „Abtransportes" durch diese Konzentration der Gestapo günstige Voraussetzungen für die spätere Verschleppung der Opfer in das Vernichtungslager Auschwitz und leistete somit einen wesentlichen Tatbeitrag zur „Endlösung der Judenfrage".

Als SCHMIDT von EICHMANN 3 Monate später den Befehl erhielt, die Lagerinsassen in das Vernichtungslager Auschwitz zu deportieren, konnte dieser verbrecherische Auftrag in kürzester Frist ausgeführt werden.

*Allgemeine Deutsche Credit-Anstalt, Dresden, Seestraße 14*

Vollzug der Verfügung SCHMIDTS vom 11. Juni 1943, das Vermögen der Israelitischen Religionsgemeinde von Dresden, Bankkonten Nr. 1337 und 1279, zu beschlagnahmen.

*Oberfinanzpräsident Dresden*

Laut Schreiben von SCHMIDT vom 11. Juni 1943 wurde das beschlagnahmte Vermögen der Israelitischen Religionsgemeinde durch den Oberfinanzpräsidenten Dresden „verwertet".

234

**Geheime Staatspolizei**
**Staatspolizeileitstelle Dresden**

Dresden, den 11. Juni 1943.
Bismarckstraße 16/18
Fernsprecher 44021

Geschäftszeichen: II B 3 - 116/43g.
Bitte in der Antwort vorstehendes Aktenzeichen und Datum angeben!

An die
Allgemeine Deutsche Credit-Anstalt
- Abteilung Seestraße -
D r e s d e n - A 1.
Seestraße 14.

Einschreiben!

**Geheim**

Betrifft: Bankkonten Nr. 1337 und Nr. 1279.
Vorgang: Ohne.

Auf Grund des § 1 der Verordnung des Reichspräsidenten zum Schutze von Volk und Staat vom 28.2.33 ist das Vermögen der Verwaltungsstelle Dresden der Bezirksstelle Mitteldeutschland der Reichsvereinigung der Juden in Deutschland (früher: Israelitische Religionsgemeinde Dresden) beschlagnahmt worden.

Die Verwertung des beschlagnahmten Vermögens erfolgt durch den Oberfinanzpräsidenten Dresden.

Im Auftrage:
Schmidt

Jk.

M/0209

**Der Oberfinanzpräsident Dresden**
- Vermögensverwertungsstelle -

O 5400 - S 1127 V/a 1/36

Es wird gebeten, dieses Geschäftszeichen und den Gegenstand bei weiteren Schreiben anzugeben.

Dresden A 1, 10.Februar 1944
Devrientstraße 4
Fernsprecher 24201
Postscheckkonto: Dresden Nr. 112091
Postleitzahl (10)

Betr.: Vermögensverfall des Hermann Israel L e v i , geb.26.3.1887 in Niedermarsberg, zuletzt wohnhaft in Dresden N, Schützenhofstr. 24, gestorben 8.1.1944 in Auschwitz

Das Vermögen des Obengenannten ist auf Grund der 13.Verordnung zum Reichsbürgergesetz vom 1.7.1943 dem Reiche verfallen.

Ich bin mit der Verwaltung und Verwertung beauftragt und bitte um Einreichung einer genauen Aufstellung der Nachlaßgegenstände. Die Vollständigkeit der Aufstellung ist eidesstattlich zu versichern.

Ohne meine Zustimmung darf über den Nachlaß nicht verfügt werden.

Im Auftrag
gez. Seifert

Beglaubigt:
Weser
Angestellte.

Frau
Margarethe verw. L e v i
D r e s d e n N
Schützenhofstraße 24

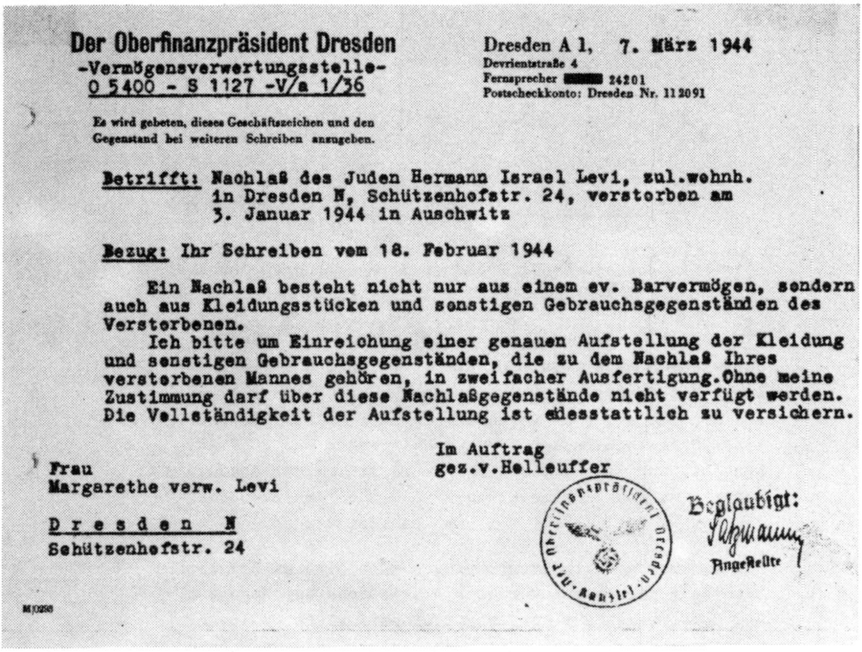
**Der Oberfinanzpräsident Dresden**
-Vermögensverwertungsstelle-
0 5400 - S 1127 -V/a 1/36

Es wird gebeten, dieses Geschäftszeichen und den Gegenstand bei weiteren Schreiben anzugeben.

Dresden A 1, 7. März 1944
Devrientstraße 4
Fernsprecher [redacted] 24201
Postscheckkonto: Dresden Nr. 112091

Betrifft: Nachlaß des Juden Hermann Israel Levi, zul.wohnh. in Dresden N, Schützenhofstr. 24, verstorben am 3. Januar 1944 in Auschwitz

Bezug: Ihr Schreiben vom 18. Februar 1944

Ein Nachlaß besteht nicht nur aus einem ev. Barvermögen, sondern auch aus Kleidungsstücken und sonstigen Gebrauchsgegenständen des Verstorbenen.

Ich bitte um Einreichung einer genauen Aufstellung der Kleidung und sonstigen Gebrauchsgegenständen, die zu dem Nachlaß Ihres verstorbenen Mannes gehören, in zweifacher Ausfertigung. Ohne meine Zustimmung darf über diese Nachlaßgegenstände nicht verfügt werden. Die Vollständigkeit der Aufstellung ist eidesstattlich zu versichern.

Im Auftrag
gez. v. Helleuffer

Frau
Margarethe verw. Levi
Dresden N
Schützenhofstr. 24

Beglaubigt:
Angestellte

*Direktion der Dresdner Straßenbahn*

Selbst die Direktion des Verkehrsbetriebes erließ gegen Juden gerichtete Vorschriften, deren Nichtbeachtung die Deportation in Konzentrationslager durch die Gestapo zur Folge hatte.

*Reichsbahndirektion*

Für den Abtransport der 300 Insassen des Lagers Dresden-Hellerberg stellte die Reichsbahndirektion in Kenntnis des Bestimmungsortes Auschwitz 4 Güterwaggons bereit.

Außerdem schuf sie die Voraussetzungen für die Verladung der Opfer auf dem Güterbahnhof Dresden-Neustadt.

23/42

Israelitische Religionsgemeinde zu Dresden e.V.

Z u r  B e a c h t u n g !

Betrifft: Benutzung der Dresdner Strassenbahnen durch Juden.

Mit sofortiger Wirkung hat die Direktion der Dresdner Strassenbahn die Benutzung der H e c h t w a g e n sowie die Benutzung der Strassenbahn an S o n n - und F e i e r t a g e n verboten. Es darf in Zukunft bei einem Strassenbahnzug, der aus Hechtwagen und Anhänger besteht, nur die v o r d e r e Plattform des Anhängers benutzt werden. Der Hechtwagen o h n e Anhänger darf demnach k e i n e s f a l l s benutzt werden.

Bei den übrigen Strassenbahnzügen verbleibt es bei der Benutzung der beiden vorderen Plattformen der Wagen. Der Sonderwagen für den Arbeitseinsatz bleibt weiterhin bestehen; desgleichen dürfen diejenigen, die an Sonn-und Feiertagen zur Arbeit herangezogen werden, ebenfalls auf Grund ihres Arbeitsausweises die Strassenbahn benutzen.

Die für den Sonntagseinsatz Eingesetzten haben die ihnen zugestellte Aufforderung als Ausweis für die Hin- u n d Rückfahrt zu benutzen.

Dresden, den 30.1.1942

Der Vorstand

der Israelitischen Religionsgemeinde zu Dresden e.V.

gez. Kurt Israel Hirschel

**Busse, Horst:**
Lebenslänglich für den Gestapokommissar: Der Prozeß gegen den Leiter des Judenreferats bei der Dresdner Gestapo, SS-Obersturmführer Henry Schmidt, vor dem Bezirksgericht Dresden vom 15. bis 28. September 1987/Horst Busse; Udo Krause. – 2., durchges. Aufl. – Berlin: Staatsverlag der DDR, 1988. – 108 S.: 16 Fotos, 27 Abb.

Der Staatsanwalt Horst Busse, der im Prozeß gegen den ehemaligen Gestapokommissar SS-Obersturmführer Henry Schmidt die Anklage vertrat, und der Rundfunkjournalist und Jurist Udo Krause, der für den DDR-Rundfunk über diesen Prozeß berichtete, schildern an Hand der Prozeßakten Werdegang und „Karriere“ des Peinigers der Dresdner Juden. Erschütternde Aussagen der wenigen überlebenden Zeugen und Dokumente über den Leidensweg der Juden, über die unzähligen Terrormaßnahmen gegen sie beweisen das Ausmaß der Schuld des Angeklagten und die Unmenschlichkeit des faschistischen Regimes, dem er willig diente. Es wird auch dargestellt, wie es gelang, Schmidt nach so vielen Jahren ausfindig zu machen und seiner Schuld zu überführen.